나는
{ 혁신학교
교사 }
입니다

나는 혁신학교 교사입니다
가장 설레고 신났던 행복교실 무한도전기

©배정화

초판 1쇄 발행 | 2021년 09월 06일
초판 4쇄 발행 | 2023년 10월 19일

지은이 | 배정화
발행인 | 이진호
편집 | 강혜미, 권지연
디자인 | 트리니티

펴낸곳 | 비비투(VIVI2)
주소 | 서울시 중구 수표로2길9 예림빌딩 402호
전화 | 대표 (02)517-2045
팩스 | (02)517-5125(주문)

이메일 | atfeel@hanmail.net
홈페이지 | https//blog.naver.com/feelwithcom
페이스북 | https//www.facebook.com/publisherjoy
출판등록 | 2006년 7월 8일

ISBN 979-11-89303-61-7(03370)

나는 { 혁신학교 } 교사 입니다

배정화 지음

VIVI2

배움을 실천하는 행복학교 이야기

따뜻함으로 쓴 교단 실천 일기, 배정화 선생님의 책을 읽은 첫 느낌입니다. 혁신학교에 대한 이론서가 아닌데도 선생님 글은 '아, 혁신학교는 이런 곳이구나!'를 충분히 알게 했습니다. 무엇보다 학생과 동료에 대한 따뜻한 시선과 신뢰를 바탕으로 묵묵히 혁신학교 문화를 만들어 가는 학교 현장의 생생한 이야기에 감동하게 되었습니다. 왜 우리 교육공동체가 혁신교육을 지향하며 함께 가야 하는지 이 책을 통해 답을 찾을 수 있었습니다. 오늘도 미래학교의 희망을 현실로 만들어 가는 선생님께 동료로서 박수를 보내며, 교사 그리고 학부모님들과 함께 읽고 싶습니다.

- 부천교육지원청 혁신교육지원 장학사 **염문섭**

학교는 그렇다. 살아 있다. 이 책은 수만 빛깔의 삶을 이야기하면서 희망을 품게 한다. 그 희망 가운데 혁신학교가 강력하게 존재한다. 혁신학교는 인간의 본질과 맞닿아 있고, 사람과 사람의 관계 속에서 '즐거운 배움을 실천해 가는 행복학교'이다. 학교 현장에서 교사도 아이들도 함께 성장해 간다. 행복한 삶의 가치를 이야기하고 배움의 과정을 함께하는 이 책에서 나는 살아 있는 혁신학교의 모습을 마주하게 되었다.

내 아이가 우리 아이로 성장하고 건강한 시민으로 성장한다면 어느 부모가 혁신학교를 마다할까? 교육에 대해 이처럼 상세하게 소개된 경우는 흔치 않다. 학교는 본래 그래야 했고, 그것이 마땅하다. 이 책에 교실 풍경, 교사의 가치관, 그리고 그의 언어와 눈빛에 고스란히 스며있다. 무엇이 어떻게 학교를 변화시킬 수 있는지를 고민하는 학교 안팎의 모든 이에게 자신 있게 추천할 수 있는 책이다.

- 경기도혁신교육연수원 교육연구사 **김상숙**

이 책이 혁신학교 교사의 성장 이야기라고 했을 때 첫마디는 "와우!" 곧이어 "잘했어"였다. 혁신교육동아리 '무지개'의 든든한 지원군인 저자 배정화 선생의 성장 과정을 지켜본 교장으로서 동료 교사로서 그의 고민을 생생하게 알기 때문이다. 거대 담론이기 보다 미시적인 관점으로 집필한 이 책은 잔잔한 감동과 행복한 역동성, 따라하고 싶은 모험심을 유발한다. 텍스트 너머 교사들에게 따뜻하게 위로의 포옹을 하고 부드럽게 권유한다. '자칫 단단해도 부서지기 쉬운 선생님들이 교육 현장에서 행복할 수 있을까?'라는 물음에 저자는 말한다. "우리 함께 해 보자! 할 수 있어!" 이 책을 읽는 교사들이 저자와 같이 실천하는 기쁨과 행복을 느끼기를 소망한다.

- 도당중학교 교장 최옥주

교육의 키워드가 모두 담겨 있습니다. 교육공동체, 비전, 배움, 실천, 행복, 자율성, 주체성, 존중, 가능성, 꿈! 한 장 한 장 넘기는 재미가 있습니다. 혁신이 살아 숨쉬기 때문입니다. 저자가 교사로서 다시 꿈을 꾸었다는 고백에서 이미 혁신을 느낄 수 있었습니다. 꿈꾸는 교사를 통해 아이들은 '나도 꿈을 꿀 수 있고, 그 꿈을 이룰 수 있다.'고 깨우치게 될 것입니다. 이 책이 따뜻한 교육의 바람이 될 것을 믿으며 벌써 마음이 풍요로워집니다.

저 역시 17년 동안 교사의 길을 걷고 있습니다. 수없이 무너지고 아파하면서 교육의 끈을 놓지 않고 만난 것은 '성장'이라는 키워드입니다. 교사 중심의 관점을 학생과 함께 성장하는 관점으로 조금만 바꿔도 행복한 교실로 변합니다. 배우기를 즐기며 오늘을 위해 함께 노력하고 실천하는 교실이 비로소 꿈의 학교, 혁신학교의 모습일 것입니다. 이 저서를 통해 가치 있는 교육을 이루는 우리 교실, 우리 학교를 꿈꿉니다.

- 『평범한 일상은 어떻게 글이 되는가』, 『독서교육콘서트』 저자 김진수

대학원 수업에서 본 저자는 '교육에 대한 열정과 학생에 대한 사랑!' 그 자체였다. 교육의 본질, 성장과 배움을 진지하게 고민하고, 학생들의 삶 깊숙이 다가가서 들어주고 이해하고, 함께 혁신교육을 이루어 가고 있다. 이 책은 그러한 학교 현장의 진솔한 이야기이다. 학생들이 조금씩 변화하고 성장하는 모습! 그리고 동료들과 함께 변화하고 성장하는 저자 자신을 그려 냈다. 학생들이 학교의 주인이 되어 주도적으로 생활하는 모습에 공감하는 학부모들이 주체적으로 활동하는 모습은 가슴을 뛰게 한다. 이 책을 통해 학생, 학부모, 선생님, 교육공동체가 어떻게 성장하는지, 그 이유는 무엇인지, 그리고 학생들은 물론 선생님들 삶의 공간인 학교에서 민주주의가 어떻게 실현되어 가는지 경험하게 될 것이다.

- 솔뫼초등학교 교감, 혁신전공교육대학원생 **백유신**

프롤로그와 목차만 읽어도 마구 가슴이 뛴다. 저자의 고민과 실천이 어떻게 전개되었는지 아름답게 반짝거리며 다가오기 때문이다. 예상대로 혁신학교 교사 네트워크와 실천연구회에서 만나는 환한 웃음과 배려가 글 속에 넉넉하게 담겨 있었다. 어쩌면 저자는 우리가 잊고 있던 교사의 본질인 사랑을 이야기하고 있는지 모른다. 교사가 일방적으로 정한 수업 규칙을 아이들 언어인 존중의 약속으로 바꾸는 저자를 보며, 또 다른 교직 이야기를 쓸 선생님들의 얼굴을 떠올린다. 그 분들 모두 우리 교육의 희망이다.

혁신교육은 정답을 갖고 있는 것이 아니라 교육의 본질을 찾아가는 여정이다. 함께 교육의 길을 걸어가는 교사로서, 하루하루 배움과 가르침을 성찰하며 성장하려는 동료로서, 이제 이 교육 여행을 기쁨으로 나아가는 저자의 용기와 실천을 지지하고 응원한다.

- 소명여자중학교 교사, 가톨릭대학교 교직과 강사 『학생자치를 말하다』 공저자 **이민영**

큰아이가 중학교에 배정되고 3월 총회에 참석했을 때였다. "우리 학교는 혁신학교입니다."라고 하자 학부모들 사이에서 "혁신학교가 뭐에요?"라는 말들이 있었지만 이렇다 할 정의를 내려 주는 사람이 없었다. 그렇게 아이가 1학년을 마치고 2학년에 올라갔을 무렵 비로소 혁신학교에 대한 그림이 조금씩 그려지기 시작했다. 그리고 『나는 혁신학교 교사입니다』를 읽으면서 행복한 학교에 대해 함께 꿈꿀 수 있었고, 선생님들의 열정과 고충도 들여다보게 되었다. 길잡이를 위해 이 책을 집필한 저자에게 감사의 박수를 보내 드린다.

"배정화 선생님, 어떤 분이셔?"라고 묻자 큰아이는 0.1초도 안 돼 "좋은 쌤이야. 우리들하고 말도 잘 통하고 재미있고 인기 짱이셔!"라고 대답한다. 아이들 마음속에 좋은 선생님인 배정화 선생님! 학기 초 학부모 독서동아리에서 선생님들도 함께하는 독서토론을 하면 좋겠다고 제안하신 적이 있는데, 얼른 "쌤~! 독서토론 주제 뭘로 할까요?"라고 말씀드려야겠다.

- 도당중학교 학부모회장 **안은하**

엄마, 내일 노래 불러야 해. 한창 변성기인 사춘기 아들의 투덜거림. 그러나 투덜거리는 표정에서 등교일을 기다리는 설렘이 느껴졌다. 학부모 텃밭에 모종을 심으러 학교에 갔을 때 아들의 그 마음을 알 수 있었다. 혁신부장 배정화 선생님께서 잠시 인사차 나오셨는데, 텃밭을 가꾸던 아이들이 우르르 몰려드는 것이 아닌가. 조잘조잘, 선생님의 인기에 학부모들이 낄 틈이 없었고, 미소가 저절로 지어졌다. 그렇게 학교를 알아가다가 2021년 총회에 참석하면서 '혁신학교'를 위해 늦게까지 회의하는 선생님들을 보면서 왜 저렇게 애를 쓰시는지 의문과 기대감이 생겼고, 학교에 대해 더 깊이 알게 되었다.

이 책에서 아이들이 의견을 조율하고 서로를 이해하는 장면에서 울컥했다. 아이들을 격려하며 아이들에게서 배울 점을 찾아가는 선생님의 모습은 감동이었다. 선생님들, 특히 혁신학교 교사만의 희노애락이 담긴 이야기와 힘들이지 않게 읽히는 글솜씨까지 더해져 많은 것을 공감하게 한다. 교사와 학부모, 학교를 고민하는 모든 이에게 혁신학교 선생님으로서의 성장기이자 교육공동체를 살아 있는 뜻으로 공감할 수 있는 이 책을 적극 추천한다.

- 도당중학교 학부모회부회장 **유정현**

● 차례

추천사 배움을 실천하는 행복학교 이야기   4
프롤로그 교사, 다시 꿈꾸기 시작했습니다   12

PART 1. 혁신학교 교사로 사는 법

1. 혁신학교가 뭔가요?   18
2. 민주학교 교사, 무엇을 해야 하나요?   22
3. 지금 어때요, 괜찮나요?   27
4. 혁신부장, 섬김의 리더십이 열쇠   32
5. 혁신학교 교사로 사는 법   37

ADDITION 혁신학교 | 운영 체제 | 교육철학 | 4·16 교육체제

PART 2. 교사는 날마다 교실에서 성장한다

1. 첫날부터 웬 서클?   48
2. 제가 더 착한 아이가 될 게요   54
3. 계주 선수로 누가 나가요?   59
4. 평화로운 학급이 되는 중입니다   65
5. 공부해도 안 되면 또래 멘토링으로!   71
6. 우리만의 데이트   78
7. 너희는 감동이었어!   83
8. 이번 한 번만 봐주세요   88
9. 아이들에게 필요한 것은 따뜻한 한마디   94
10. 우리 반 1등 성적표   99

ADDITION 학생인권조례 | 민주시민교육 실천의 제도적 장치 |
학교자치 운영 | 수업 혁신의 목적

PART 3. 수업에서 빛나는 너희들을 만나다

1. 꼭 ㄷ자 형태로 책상을 바꿔야 하나요?   110
2. 한 사람도 포기하지 않는다는 것!   115
3. 수업 규칙을 존중의 약속으로 바꾸다   120

4. 협동으로 웃음꽃 피는 수업　　　　　　　　126

5. 개인이 존중되는 수업　　　　　　　　　　133

6. 오늘은 나도 또래 선생님　　　　　　　　　139

7. 꿈을 찾아가는 수업　　　　　　　　　　　144

8. on-tact 수업을 溫-tact하게　　　　　　　　149

9. 할까 말까 프로젝트 수업　　　　　　　　　154

10. 삶을 수업으로 끌어들이기　　　　　　　　159

ADDITION 배움 중심수업 | 개별화 수업 | 협동학습 | 블렌디드 러닝

PART 4. 교사, 어떻게 학교를 변화시키는가

1. 내 생애 가장 의미 있는 수업 공개　　　　　168

2. 전학공! 안 하면 안 되나요?　　　　　　　　174

3. 일곱 빛깔 무지개가 떴습니다　　　　　　　181

4. 학교 공간에서 행복해질 수 있도록　　　　　187

5. 민주적인 회의는 어떻게 하는 걸까?　　　　194

6. 선생님의 독서　　　　　　　　　　　　　201

7. 학부모와 함께 성장하기　　　　　　　　　206

8. 선생님을 학생 곁으로　　　　　　　　　　212

9. 텃밭에서 꽃피는 따뜻한 공동체　　　　　　216

ADDITION 공간 주권과 학교 공간 혁신 | 학교 민주주의 지수 | 교장 공모제 운영

PART 5. 우리 교육이 가야 할 길

1. 우리가 지향해야 할 학력이란?　　　　　　228

2. 지금 무엇을 가르치고 있나요?　　　　　　235

3. 아이들을 성장시키는 평가는 어떤 것일까?　239

4. 마을과 함께 자라는 아이들　　　　　　　　245

5. 내가 꿈꾸는 미래학교　　　　　　　　　　251

ADDITION 선정과 운영 | 몽실학교 | 미래학교

에필로그　교사로서의 삶을 성장시킨 혁신학교　　260

교사, 다시 꿈꾸기 시작했습니다

장학사가 되고 싶다는 생각에 어두운 독서실에서 밤 12시까지 꾸 벅꾸벅 졸며 공부를 한 적이 있습니다. 졸린 눈을 비비며 혁신교육계 획과 마을교육을 비롯해 학교폭력사안 처리 문제도 달달 외웠습니다. 머리에 들어오지도 않는 이론들과 전쟁하듯 한 달을 보냈습니다.

장학사가 되어 교육을 지원하고 싶다는 거창한 이유를 댔지만 실 상은 달랐습니다. 아이들을 상대하는 교사의 역할도 힘에 부쳤고, 가 르치는 일도 지겨워졌던 것이지요. 학교를 탈출하는 길은 열심히 공 부해서 장학사가 되는 길밖에 없다고 생각했습니다. 무작정 학교에서 도망치고 싶다는 마음이 커질수록 학교는 그저 버텨야 할 곳이었으며 아침에 일어나면 의무적으로 출근하는 직장일 뿐 그 이상도 그 이하 도 아닌 곳이 되어 버렸습니다.

이처럼 지금의 학교는 교사에게 결코 녹록치 않은 곳이며, 나이가 들수록 진로를 걱정해야 하는 방황의 장소로 바뀌어 가고 있습니다. 교육적 이상과 현실 사이에서 교사들은 지쳐 가고, 경쟁을 벌여야 하는 학생들도 지치기는 마찬가지입니다. 안타깝게도 학교는 즐거운 곳이 아니라 그저 가야 할 곳이 되어 버린 것 같습니다.

교사를 꿈꾸던 이들도 교사가 된 후 더 이상 학교에서 꿈꾸지 않습니다. 저와 비슷한 또래의 교사들은 다시 꿈을 꾸기 시작하기는 합니다. 학교를 어떻게 하면 탈출할 수 있을지를 말이지요. 아이들에게도 교사들에게도 학교는 더 이상 행복하지 않은 공간이 된 걸까요?

혁신학교에 부임한 후에도 몇 달은 같은 생각을 하면서 학교 탈출을 꿈꾸었습니다. 하지만 공부하면 할수록 미래와 행복한 삶에 대한 의구심은 점점 더 깊어졌습니다. 장학사가 된 다음에는 또 무엇을 꿈꿔야 하는지, 교감이나 교장을 해야 하는 것인지, 과연 그러면 행복한 삶을 살 수 있는지, 도무지 진짜 되고 싶은 것이 무엇인지, 어떤 삶을 살아야 행복한지 알 수 없어 혼란스러운 나날이 지속되었습니다.

교사를 꿈꾸며 삼수 끝에 어렵게 교직에 입문했고 열정적으로 임했기에 나름 잘 가르치는 선생님이자 인기 있는 선생님, 따뜻한 담임 교사라는 말을 들을 만큼 교사로서 손색이 없었습니다. 아니 지금도 타인의 눈에는 여전히 그런 모습으로 비춰져 아무 걱정 없는 교사로 보일지도 모르겠습니다. 하지만 밑도 끝도 없는 우울감이 찾아올 때면 누구도 알지 못하는 외로움을 홀로 견뎌 내야 했고 때로는 무기력과 상실감으로까지 이어지곤 했습니다.

아이러니하게도 이런 상실의 시간 속에서 여전히 나를 살아 있게 만드는 것은 수업을 하며 아이들을 만나는 것입니다. 수업이 잘되면 행복하고, 아이들의 천진한 모습을 보며 가라앉았던 기분이 좋아지는 것을 보면 아직 제가 있어야 할 곳은 학교가 아닌가 생각해 봅니다. 혁신학교에 몸담고 있는 지금은 함께 길을 가는 동료 교사들이 있어 조금 더 힘을 내어 봅니다. 언제가 끝이 될지 모르는 교사로서의 삶을 묵묵히 걸으며 오늘도 잘 살아 내고 있는 스스로를 대견해 하고 감사해 할 작정입니다.

이 책은 혁신학교에 대한 이론서나 지침서가 아닙니다. 혁신학교의 경험을 통한 교사 리더로서의 성장 기록이며, 현장에서 느꼈던 교육에 대한 성찰을 바탕으로 교육 철학을 담은 글입니다. 이에 혁신학교에서 만날 수 있는 풍경을 통해 혁신학교를 이해하고 새로운 교육에 대한 희망을 품고자 하는 사람들에게 입문서로서의 기능을 할 거라고 믿습니다.

1부는 혁신학교 교사로서의 고민과 애환을 담았습니다.

2부는 혁신학교에서 담임 교사로 아이들과 보냈던 행복한 시간을 소개했습니다.

3부는 아이들과 소통하면서 수업에 대해 연구하고 실천하는 교사의 삶을 담았습니다.

4부는 학교를 변화시키는 교사로 성장하는 과정을 이야기하고 싶었습니다.

5부는 앞으로 학교가 담아야 할 혁신교육의 방향에 대해 이야기해 보았습니다.

교사로서 보낸 지난 21년간의 삶을 돌아보고 저를 한층 더 성장하게 했던 혁신학교에서의 삶을 기록하면서 학교에 대한 또 다른 꿈을 꾸게 되었습니다. 과연 교실을 넘고 수업을 넘어 학교를 변화시키고 주체적인 삶을 살아가는 혁신학교 교사의 삶은 어떤 것인지에 대한 이야기를 들려드리고 싶습니다.

책을 쓰면서 한 점에 불과했던 작은 나에서 혁신교육을 실천하는 학교 현장의 전문가로서 성장하고 있는 저 자신을 발견할 수 있었습니다. 또한 앞으로 행복한 교육의 실천으로 아이들이 즐겁게 다니는 학교를 만들기 위해 언제나 새로운 꿈을 꾸고 싶다는 생각을 해 보는 시간이기도 했습니다.

아이들에게 학교가 중요하듯이 교사에게도 행복한 학교는 삶의 중요한 가치가 될 수 있음을 말하고 싶습니다. 오늘도 행복한 학교를 만들기 위해 애쓰는 혁신학교 선생님들의 노력으로 아이들은 조금씩 행복한 꿈을 꾸면서 성장해 갑니다.

혁신학교에 대해 무지했던 무식쟁이에서 혁신교육의 리더로 성장하기까지, 홀로 유능한 교사가 되고자 했던 개인주의를 벗어나 동료들과 함께 고민하며 아이들을 성장시키기 위한 협력적인 교사가 되기까지, 호봉이 올라갈수록 승진에 더 관심이 많았던 교사에서 가슴 뛰는 성장의 길을 걷고자 다짐한 교사로 변모하기까지 혁신학교는 저에게 많은 의미를 안겨 주었습니다. 4년간 혁신학교 교사로서 고군분투했던 성장하는 삶에 대한 이야기를 지금 시작하려 합니다.

혁신학교에서 얻은 경험들을 통해 아이들의 행복한 삶을 다시 들여다보기 원하는 선생님이나 학부모, 예비 교사, 그리고 우리 교육의 개선을 통해 희망을 찾는 모든 사람에게 도움이 되기를 바라는 마음으로 집필하였습니다. 이 책을 통해 아이들의 건강한 삶, 행복한 삶, 우리가 지향해야 할 가치 있는 교육이 무엇인가를 생각해 보는 시간이 되기를 소망합니다.

저자 배정화

PART 1

혁신학교
교사로 사는 법

혁신학교가 뭔가요?

혁신학교 교사로 지낸 지 어느덧 4년 차다. 이미 혁신교육부 부원에 올려진 내 이름을 확인하고 나서야 '아니, 여기가 혁신학교였어?'라고 놀라던 때가 엊그제 같다.

그해에는 새 학기가 시작되기도 전에 교육청에서 실시하는 혁신학교 연수를 들어야 했고, 그다음으로 학교에서 선생님들과 어울려 새 학기 워크숍에도 참석하였다. 난생 처음 학교 비전이라는 것도 세우고, 교육과정을 재구성하는 작업도 했다. 그전 학교에서는 한 번도 그런 적이 없었기에 이미 정해진 교육 목표와 교육과정을 왜 새롭게 구성해야 하는지 전혀 알 수 없었다.

그렇게 물정도 모른 채 워크숍에 참여하는 내내 이리저리 끌려 다니는 느낌이었다. 아침부터 시작된 워크숍은 퇴근 시간이 다 되어서야 끝이 났고, 그때부터 머리가 지끈지끈하더니 결국 열이 오르기 시작했다.

　이것이 혁신학교에서의 첫출발이었다.

　어쩌면 애송이,

　어쩌면 이방인,

　어쩌면 철저한 무식쟁이….

　다행히 1년 동안 부장님 곁에서 혁신부 업무를 보조하면서 일을 배워 갔다. 또한 전문적 학습공동체며, 교육공동체 대토론회, 평화 감수성 교육, 교사 및 학생서클, ㄷ자 책상 배치를 통한 배움 중심수업, 자치 등을 경험하면서 혁신학교의 모습이 조금씩 선명해지기 시작했다. 또한 부임 첫해에는 무엇보다 담임 교사로서 맡은 반 아이들을 열심히 교육하고 헌신했다.

　그때 힘든 아이들을 함께 교육하면서 만난 선생님들의 열정과 사랑이 학교에서 보게 된 교육의 희망이었다. 그러다 보니 학교가 교육공동체이며 함께 아이들을 사랑과 책임으로 돌보며 교육하고 있다는 생각을 자연스럽게 하게 되었던 것 같다. 이처럼 혁신학교에 대한 이해는 이론보다는 생활 속에서 얻어지는 경험들로 채워졌다.

　2학기에 접어들 무렵 전문적 학습공동체 운영 시간이었다. 최근 복직한 선생님이 내게 물었다.

　"선생님, 그런데 혁신학교가 뭡니까?"

　혁신교육부 부원이었던 나는 그 질문에 어떻게 대답할지 몰라 당황스러웠다. 급기야 사전에 나올 법한 내용을 줄줄 읊었다. 임기응변으로 마무리되었던 것을 보면 내 대답이 그럴싸했던 모양이다. 그러나 엉겁결에 답변한 탓인지 다시 똑같이 대답하라면 못할 것 같았다. 나는 그 정도로 내공이 깊지 않았으니까.

그 후 무심코 던졌을 그 선생님의 질문은 풀어야 할 숙제처럼 내내 나를 따라다녔다.

'혁신학교가 뭡니까?'

'글쎄요, 뭘까요?'

스스로에게 끊임없이 같은 질문을 던지며 곱씹었다. 사전에는 혁신학교란 '공교육의 획일적인 교육 커리큘럼에서 벗어나 창의적이고 주도적인 학습 능력을 배양하기 위해 시도되고 있는 새로운 학교 형태'라고 쓰여 있다. 사전적 의미는 매일같이 외우다 보면 외워진다지만 내 것이 아니기에 다음날이면 또 잊히고 말았다.

'그래서 혁신학교가 뭐냐고?'

혁신학교 근무 4년 차라고 해도 혁신학교의 모습을 경험하지 못하면 그 의미가 무엇인지 알 수 없다는 것을 깨달았다. 어쩌면 혁신학교 1년 차 시절의 내 대답이 그럴 수밖에 없던 이유도 바로 거기에 있지 않았을까 싶다. 나는 스스로 답을 찾기 위해 혁신학교에서 경험하고 알게 된 것들을 정리해 보기로 했다.

비전과 책무성, 생활 협약, 평화적인 서클 문화, 존중의 약속, 주체성과 자율성, 학교자치, 민주적인 회의 문화, 교육과정 재구성, 수업 친구, 수업 성찰, 전문적 학습공동체, 협력의 문화, 공간 혁신, ㄷ자 책상

20

배열의 배움 중심수업, 학생활동 중심학습, 선생님들의 열정과 헌신.

내가 경험한 우리 학교에는 이런 요소들이 모두 있었다. 한마디로 역동적인 체제와 문화 속에서 구성원들이 행복한 교육을 꿈꾸며 변화되어 가는 곳이라고 할 수 있다. 그렇다. 나는 이런 혁신학교를 통해서 지극히 개인적이었던 교사의 삶에서 벗어나 학교를 위해 무엇을 해야 하고, 학생을 위해 어떻게 교육해야 하며, 동료와 어떻게 협력해야 하는지 알게 되었다. 이렇듯 혁신학교는 교사로서 능동적이고 주체적인 삶을 살 수 있도록 해 준 원동력이었다.

혁신의 개념은 기존의 것들을 뼛속까지 바꾸지 않으면 안 될 것 같은 무시무시한 것이 아니다. 경쟁 교육에서 벗어나 교육 속에서 아이들의 행복한 삶을 추구하기 위한 또다른 발걸음이다. 그래서 혁신학교는 행복학교의 또다른 이름이기도 하다.

누군가 내게 다시 '혁신학교가 뭡니까?'라고 물어본다면 이제는 나의 철학을 담은 혁신학교의 의미를 멋지게 말해 줄 수 있을 것 같다. '혁신학교란 교육공동체가 공동의 교육 비전을 가지고 즐거운 배움을 실천해 가는 행복학교입니다. 학교에서 학생과 교사는 자율성과 주체성을 지닌 인격체로 존중되며 그것을 토대로 교육 주체로서 무한한 가능성을 펼칠 수 있는 꿈의 학교입니다.'라고 말이다.

민주학교 교사,
무엇을 해야 하나요?

임용고사를 치르고 교사로 재직한 지 20년. 그저 열정을 다해 아이들을 가르쳤고, 진심으로 아이들을 사랑했다. 그리고 매년 새롭게 만나는 아이들을 위해 좋은 교사가 되겠다는 생각이 전부였다. 그러나 해를 거듭할수록 교사로서의 소명은 점점 옅어졌고, 학교는 출근하기 싫은 직장이 되어 갔다. 그런 나에게 허를 찌르는 듯 신선한 충격을 안겨 준 글이 있었다.

1. 민주적 교육자들은 학교에서 발견되는 사회적 불평등의 굴레를 경감시키려는 노력만을 경주하는 것이 아니고, 그러한 불평등을 만들어 내는 조건을 바꾸려 노력한다.
2. 민주학교에서는 성적에 따른 학생 차별, 불공정한 시험, 그리고 인종, 젠더, 사회경제적 계층 등에 따라서 발생하는 다양한 차별 장치들을

제거하려는 온갖 노력을 경주한다.

3. 다른 많은 진보적인 교육자들처럼 민주주의에 관여하는 사람들은 학생들을 위해 줄 줄 안다. 그뿐만 아니라 이들은 학생들에게 이러한 관심을 쏟기 위해서는 자신들이 인종차별, 부정의, 중앙화된 권력, 가난, 그리고 그 밖의 또 다른 거대한 불평등에 맞서야 함을 잘 알고 있다. 이러한 조건들이 너무도 많은 학생에게서 미래에 대한 희망을 앗아갈 뿐만 아니라 그들의 존엄성을 훼손하기 때문이다.[1]

난 그저 학교에 다니고 있었을 뿐인데. 민주학교? 민주학교란 게 뭘까? 이 구절을 읽고 한 번도 생각해 보지 않았던 민주학교라는 개념에 대해 진지하게 들여다보고 싶은 마음이 생겼다. 더불어 민주적인 생활 방식을 실현하고 교육 경험을 제공하기 위해 아이들에게 나는 어떤 교사여야 하는지 교사의 역할과 의무에 대해서도 다시 한번 생각하게 되었다. 교사라는 직업만 가졌을 뿐 공립학교 교사라는 사실도 잊었고 민주적인 교육과정 실현에 대한 생각도 없이 지내왔던 내 모습이 참 바보같이 느껴졌다.

민주학교 실현을 위해 가장 기본이 되어야 하는 것은 바로 혁신학교가 가지고 있는 공공성 철학이다. '공공성'은 혁신학교의 기저 철학으로 수월성 교육에서 벗어나 모든 학생에게 공평하게 교육의 기회를

---

[1] 마이클 애플, 제임스 빈/강희룡 역, 『마이클 애플의 민주학교』(살림터, 2015), 35-36.

제공하며 학생 한 명 한 명을 인격적으로 존중하고 배움에서 소외되지 않도록 한다는 의미를 담고 있다.

공교육 교사면서도 민주학교에 대한 생각은 하지 못 했고, 그저 하루하루 열심히 가르치는 데만 소임을 다했던 날들이었다. 팬데믹으로 인해 학교는 대면수업과 온라인수업을 반복하며 큰 전환점을 맞이했는데, 그제야 공공성의 철학이 더욱 필요한 가치들로 다가왔다.

성적 우수자들은 대면수업과 원격수업의 구분 없이 수업 내용을 잘 습득했고 자기 주도적인 학습 능력까지 향상시키고 있었다. 반면 그렇지 못한 아이들은 뒤처지거나 공부를 포기하는 일이 발생하면서 학교의 고민거리로 떠올랐다. 원격수업과 함께 출결 점검에만 급급했던 교사들은 아이들을 위한 피드백까지는 엄두를 내지 못했다. 그저 학습 독려 전화를 하는 것에서 그칠 수밖에 없었다.

그러는 사이 원격수업을 위한 기술적인 장비 차이뿐만 아니라 학력 차, 자기 주도적 학습 능력의 차이는 학생들의 격차를 더욱 벌어지게 하였다.

원격수업의 형태를 콘텐츠 강의에서 쌍방향수업으로 전환할 때 학교 아이들은 반대 의견을 많이 제시하였다. 집안 환경이 고스란히 드러날까 부담스럽다는 것이 이유 중 하나였다.

그 밖에도 쌍방향 원격수업 통해 다양한 현실적인 문제들을 대면하게 되었다. 작은 휴대 전화로 배터리를 충전해 가면서 수업하는 아이, 웹캠이 없는 컴퓨터로 화면 없이 수업하는 아이, 한 방에서 여러

식구와 지내며 수업하는 아이, 마이크와 화면 모두 안 켜는 아이, 수업 내내 게임을 하는 듯한 표정으로 앉아 있는 아이, 좁은 공간이라 체육 수업을 제대로 받을 수 없는 아이, 잘 몰라도 피드백을 제대로 받지 못하는 아이, 아침밥도 챙겨 먹지 못하고 온종일 컴퓨터 앞에 앉아서 수업하는 아이, 저마다 다른 모습인데 결국은 같은 모습이기도 했다.

갑자기 원격수업과 마주한 아이들의 이러한 학습 환경은 많은 생각을 하게 했다. 교육도 받기 전에 시작된 불평등한 학습 조건과 그것을 감내해야 하는 아이들이 안쓰러웠다.

교육부와 교육청, 학교에서도 정보화 기기를 지원하는 등 학습 환경의 격차를 줄이려 노력하고 있지만 여전히 현장에서는 아이들을 지배하고 있는 학습 환경의 민낯을 마주하게 된다. 내 상황에 급급해 미처 살피지 못한 아이들의 환경을 만나게 되니 교사로서의 책임감이 더 무겁게 느껴졌다.

우리는 현장에서 무엇을 할 수 있을까? 열악한 교육 환경의 지배 속에서도 아이들이 미래에 대한 희망을 잃지 않도록 해 주려면 무엇이 필요할까?

교육 환경이 아이들의 희망, 존엄성까지 집어삼키지 못하도록 마음으로 살피고 공교육 교사로서 책임감을 느끼고 교육해야 한다. 더 나아가 교육 환경과 관계없이 아이들이 배워야 할 것을 교육하고, 그 지식 너머의 것까지 배울 수 있도록 안내해야 한다.

아이들은 교육과정을 통해 공정하고 평등한 삶의 가치들을 체득할 수 있어야 하고 자유, 정의, 사회 참여, 평등, 선택, 의지 등 삶을 변화시킬 수 있는 가치와 개념들 역시 체득해야 한다.

따라서 교사가 학생들의 열악한 물리적 환경을 당연시하며 기초적인 지식 주입에만 머무르게 하고, 더 큰 세상을 보여주지 않는 것은 아이들의 미래를 또 한 번 가로막는 것이라 생각한다.

민주주의 사회에서 학교는 모두를 위해 어떻게 기회를 균등하게 보장할 수 있을지에 대한 모델로서 작용해야 한다.[2] 그러나 여전히 학교는 권위적이고, 지시에 따라 움직일 뿐 민주성을 발휘하지 못한다. 교사 교육과정 또한 교사의 편차에 따라 학생들에게 민주적인 삶을 투영하기도 하고, 근처에 가 보지도 못하는 경우가 허다하다.

불공평한 학습 환경을 대면하면서 혁신학교 교사로서 어떤 역할과 책무성을 가져야 할 것인지에 대한 많은 생각이 들었다.

어려운 상황에서도 민주학교를 위한 공교육 교사의 역할과 책임을 인지하면 학생들이 긍정적인 변화를 맞을 수 있다. 학습 환경에 따라 벌어지는 교육 격차를 조금이라도 줄일 수 있도록 피드백하는 선생님, 모든 아이가 배워야 할 것을 배울 수 있도록 안내하는 선생님, 교육과정 속에서 아이들을 민주적으로 성장하게 하는 선생님, 아이들의 불편한 마음을 어루만지고 배려해 주는 선생님의 모습이 절실하게 요구되는 때이다.

---

2 위의 책.

지금 어때요, 괜찮나요?

김 선생이 전화기 너머로 깊은 한숨을 쉬며 "나, 잘할 수 있겠지?"
라고 물어 왔다. "그럼, 얼마나 좋은데. 설마 거기서 너를 잡아먹기라
도 하겠어?" 하며 대수롭지 않다는 듯 너스레를 떨며 대꾸하였다.

고등학교 때부터 친구였던 김 선생은 올해 다른 지역으로 전근하
게 되었다. 발령 난 곳이 하필 힘들기로 유명한 혁신학교였다. 그 학
교에 근무하면 다들 힘들어서 떠난다는 후문이 있을 정도였다. 일반
학교에서만 근무했던 친구가 걱정되면서도 한편으로 혁신학교에서
새로운 경험과 에너지를 얻길 바라는 마음이 더 컸다.

얼마 후 다시 김 선생의 전화를 받았다.

"만날 열리는 협의회 때문에 죽겠어. 그리고 여기 완전 아이들을
위해 헌신하는 학교야. 선생님들은 죽어나는 거지. 1년이나 버틸 수
있을지 모르겠어."

"고칠 게 있으면 건의해 보지 그래?"

"말했는데 나만 이상한 사람 됐어. 원래 이렇게 하는 거라고."

창의성을 요구하는 혁신학교의 과도한 업무에 지친 선생님들은 매년 학교를 떠났다. 힘든 시간을 즐거움으로 일구어 낸 선생님들은 큰 경험과 보람을 얻지만 그렇지 않은 경우도 허다했다. 혁신학교의 무엇이 그토록 교사들을 힘들게 하는 것일까? 그것은 다름 아닌 혁신학교니까 이래야 한다는 고정 관념과 운영 체제의 정해진 프레임 때문에 생겨나는 업무들 탓이다.

왜 모두 다 같은 방식으로 움직이는 걸까? 정해진 대로만 움직이라고 하는 것이 과연 혁신이 지향하는 민주적인 학교의 모습일까? 혁신학교가 운영 체제 안에서 조금 더 탄력적이고 유연한 모습을 가지면 어떨까? 아니면 이제 운영 체제에 얽매이지 말고 혁신의 철학을 존중하되 학교만의 색을 찾을 수 있도록 길을 열어 주면 어떨까?

혁신학교는 다음의 네 가지의 운영 체제 안에서 움직인다.

- 민주적 운영 체제
- 창의적 교육과정
- 전문적 학습공동체
- 윤리적 생활공동체

이러한 운영 체제는 혁신의 교육철학을 담아 혁신학교를 움직이고 있는 하나의 궤이다. 혁신학교에서 바라는 모습을 네 가지 영역에 잘 담고 있으며 그것은 학교 평가의 지표가 되기도 한다. 그래서 모든 학교는 거의 비슷한 체제 안에서 교육과정을 운영하고 있다. 그런데 성과를 내기 위한 제도적 장치들도 군데군데 숨어 있어서 혁신학교 교사들을 옭아매는 것들도 많다. 대표적인 예는 다음과 같다.

- 혁신학교니까 모두 공개수업을 해야 하며 연 2회씩은 반드시 실행하도록 합니다.
- 혁신학교는 교육공동체 대토론회를 연 2회 이상 해야 합니다.
- 혁신학교는 모든 의사 결정을 민주적인 회의를 통해 결정해야 하고 안건이 있는 회의를 해야 합니다.
- 새 학년 워크숍은 반드시 며칠에 걸쳐 해야 하고 모두 참석해야 합니다.
- 전문적 학습공동체는 연 몇 시간 꼭 이수해야 하고 90% 이상 출석해야 이수됩니다.

이는 어찌 보면 왜곡된 협력 시스템이지만 시스템을 구축하고 나서 좋은 문화를 만들어 가는 협력의 형태라고도 볼 수 있다. 그러다 보니 선생님들은 이런 것들을 혁신학교의 고정된 시스템으로 받아들이게 되고 정해진 수많은 틀에 지쳐가기도 한다.

혁신교육으로 아이들에게 자율적이고 창의적인 교육을 하고자 하면서 혁신학교의 모습은 왜 모두 천편일률적인 모습이어야 할까? 모두 다 같은 틀을 가지고 움직이고 있으니 다양성과 개별성은 어쩌면 존재하지 않는지도 모른다. 언제부턴가 모든 혁신학교가 엇비슷한 모습이 되었고 그 틀을 유지하기 위해 교사들은 지쳐 갔다.

혁신학교에서 이루어지는 모든 업무가 배움의 경험이자 학교를 잘 이끌어 가기 위한 공동체 운영의 한 과정임은 틀림없다. 하지만 수 많은 체제 속에서 약간의 유연함을 제공해 주면 어떨까? 체제 때문에 혁신이 싫어서 학교를 떠나는 일은 없어야 하지 않을까? 지나치게 요 구되는 프레임 때문에 소진되는 삶은 이제 그만두어야 하지 않을까? 체제 안에서 숨 쉴 틈 없이 지쳐 가는 교사의 삶도 바라봐 주었으면, 아이들뿐만 아니라 선생님들도 함께 행복한 학교였으면 좋겠다. 혁신 학교가 꼭 다 같은 모습일 필요는 없지 않은가!

학생이 배움으로 행복한 학교, 학생들을 교육하면서 교사가 행복 한 학교, 누구의 헌신으로 만들어지는 학교가 아니라 교육공동체 모 두의 행복을 위해 고민하는 학교, 하나의 정형화된 모습을 따라 하기 보다는 학교마다 혁신의 빛깔이 다른 학교, 교육철학으로 내 수업과 교육이 빛나는 학교, 그런 혁신학교를 지향하고 싶다.

전국 혁신학교는 지금까지 혁신교육을 위해 열심히 달려왔다. 특 히 경기는 혁신학교 10여 년을 맞이해서 이제는 정형화된 틀을 깨고 우리의 내부의 고민을 들여다보며 재정비할 시기가 온 것 같다. 여기 서 잊지 말아야 할 것은 혁신학교에서 가장 중요한 것은 체제가 아니 라 그 길을 함께 가는 동료 교사라는 것! 언제라도 열심히 동참해 주 고 있는 동료들이 동력을 낼 수 있도록 서로의 마음을 보듬어 줄 수 있는 따뜻한 학교 문화가 형성되기를 바란다.

혁신학교에서 달성해야 할 과업에 급급한 나머지 옆에 있는 소진된 사람들을 버리고 가는 일은 하지 말자! 혁신학교가 아름다운 것은 함께 꿈을 향해 가는 여정이 행복하기 때문이니까. 이제는 모두가 각자의 발걸음으로 행복한 학교 만들기에 동참할 수 있도록 불필요한 것들은 걷어 내고 학교에 여유의 시간과 고유의 색깔을 부여하자. 혁신학교가 모두가 가고 싶은 학교가 되기 위해!

혁신부장,
섬김의 리더십이 열쇠

　혁신부장을 맡은 지 3년 차에 접어들었다. 하는 일이 다른 업무에 비해 창의적인 데다가 역동적이기까지 해서 즐겁기도 하지만 그 때문인지 올해는 더욱 에너지가 소진되는 느낌이다. 혁신학교 네트워크에 참석해 보면 2년을 넘기는 부장은 드물다. 직책의 무게를 견디지 못하고 자주 교체되는 것은 물론이고 그렇기에 누구도 원치 않는 자리이기 때문이다.

　우리 학교에 전입해 온 지 1년 만에 혁신부장이 되었다. 이전 혁신부장님도 힘에 부쳐 직책을 내려놓으셨고, 부장님의 권유로 지원하고 보니 지원자가 나밖에 없는 상황이었다. 어쨌든 난 그렇게 혁신부장이 되었다. 다행히 그 자리가 좋았다. 지금까지 부장 경력이 많았지만 혁신부서의 일은 처음 해 보는 일이라 더 가슴 뛰었던 탓에 두려움보다는 설렘으로 가득 찼다.

하지만 부서장을 맡은 첫해부터 이상과 현실 사이에서 지쳐 가는 수순을 밟게 되었다. 학교 조직이 업무 중심에서 학년부 체제로 개편되면서 졸지에 1인 부장이 되고 말았다. 혁신부장이 되고서 학교 개선을 위한 여러 가지 일들을 시도해 보고 싶었지만 부원 없이 혼자서는 역부족인 경우가 많았다. 학년부 체제의 단점이 오롯이 나의 업무 부담에 투영된 셈이다.

혼자여서 외롭긴 해도 인화적이고 창의적인 일은 나름 즐겁고 재미있었다. 일을 하다 보면 어느새 저녁이 되었고, 하나가 끝나면 또 하나의 일이 밀려오는 통에 그야말로 일에 파묻혀 살기 일쑤였다. 그렇게 하루가 가고 한 달이 가고 1년의 시간이 지나면서 나는 조금씩 지쳐 갔다.

그래도 다행히 시간이 지날수록 더 단단해지고 유연해졌다. 갈등 상황에서도 상대방을 이해하고 다른 사람의 말을 경청하는 법을 알게 되었고, 조금은 저돌적이고 직설적이었던 성격이 둥글둥글하게 완성되어 갔다. 업무적인 과업들을 수행하는 과정에서 업무 능력만을 뽐내며 만족했던 스스로를 돌아보며 동료의 중요성을 알게 되었다.

혁신부장으로서 가장 고민스러웠던 부분은 리더십에 관한 것이었다. 올바른 리더십을 갖추고 실천적인 삶을 살기 위해 항상 나 자신을 성찰하고 단속해야 했던 것이 조금은 힘들게 느껴졌다. 나 한 사람의 치우침과 인화적이지 못한 태도는 학교 협력에 큰 손상을 입히기 때문이다.

　학교의 중간 리더는 교장의 리더십과는 달리 그 역할이 좀 더 섬세하고 막중하다. 모든 선생님이 같은 비전을 가지고 협력할 수 있도록 관리자와 교사의 중간자적 입장에서 몸을 움직이고 마음을 써야 한다. 그래야 관리자의 지원을 얻고, 선생님들의 지지를 얻어 학교 문화 개선과 발전을 위한 동력을 얻을 수 있다.

　오랜 시간이 지난 후에 혁신부장에게 무엇보다 중요한 것은 '섬김의 자세'라는 것도 깨달았다. 혁신 리더는 이 리더십을 통해 구성원을 존중하고 솔선수범하여 변화를 선도한다. 더 나아가 혁신학교는 변혁적인 리더십[3]을 가진 교장과 교사의 리더십을 바탕으로 직위와 권한에 입각한 리더십이 아닌 섬김, 전문성, 열정, 소통의 철학을 가지고 행복한 학교 문화를 만들어 가야 한다. 역동적이고, 민주적인 학교 문화를 구축하기 위해 교사 각자가 주체성을 가지고 변혁적인 리더십을 가질 수 있도록 하는 안내자가 필요한데 그것이 바로 혁신부장의 역할이기도 하다.

　연말이 되면 학교는 어김없이 부서 업무 개편에 대한 논의를 시작한다. 서로 자신의 업무가 중요함을 내세우며 부원을 감축하지 않기 위해 안간힘을 쓴다. 그런데 교사 감축으로 인한 부원 조정 문제가 대

---

3 기존의 권위주의적인 리더십과 달리 변화의 필요성과 방향을 제시하여 직무 동기를 부여하는 리더십을 말함.

두될 때마다 어김없이 혁신부가 도마 위에 오른다. 평소에는 학교의 궂은일을 도맡아 하고, 학교 개선의 주축이 되어 움직이고 있지만 막상 업무 조정을 위한 자리다툼이라는 현실에 부딪혔을 때 혁신부의 중요성을 간과한다는 사실이 나를 씁쓸하게 만들곤 한다. 업무적으로 일이 많아서 힘든 것이 아니라 구성원의 지지가 없을 때 힘든 부서이기에 지금까지 해 왔던 모든 일이 허망하게 느껴지기도 한다.

이렇게 관리자와 선생님들의 의식이 학교 활동의 중심을 어느 쪽에 가치를 두고 가느냐에 따라 혁신부서의 업무는 부흥을 맞기도 하고 퇴락의 길을 걷기도 한다. 앞으로 누구든 혁신부장의 자리에 앉게 된다면 이러한 고충까지도 함께 짊어져야 할 몫이다.

돌이켜 생각해 보니 혁신부장으로 산다는 것은 그런 삶이었다. 자리가 주는 중압감이 어느 업무야 없겠냐마는 혁신부장의 책임과 역할의 무게는 천 톤처럼 느껴졌다. "혁신학교가 왜 이래요? 다른 학교는 안 그런데…."라는 한마디 말에도 쉽게 부서지고 "이런 일 꼭 해야 하나요?"라는 방향이 다른 시선에도 아플 때가 많았다. "역시 우리 학교가 정말 좋다!"라는 작은 칭찬 한 번에도 행복했고 교육활동에 적극적이고 협력적인 동료의 모습을 볼 때면 힘이 나기도 했다.

이렇게 이 자리는 때론 가시밭길을 걸어가는 것 같다가도 예쁜 장미가 핀 정원에 도착하기도 하고, 사막에 혼자 있는 것 같았다가 오아시스를 발견해서 달콤한 물을 마시기도 했다. 하지만 오늘도 가시덤

불을 헤쳐 나가고 목이 타는 갈증을 참아 내는 것은 바로 행복한 학교를 만들기 위한 소명이 있기 때문이다.

앞으로도 이 길이 쉽지 않겠지만 아이들의 행복한 웃음소리와 선생님들의 열정을 마음에 담고 우리의 비전이 실현되는 미래를 상상하면서 나는 다시 오늘을 살아 낼 힘을 얻을 것이다.

그래도 혁신부장으로 산다는 것! 내 교직 생활에서 가장 설렜고, 가장 신났고, 가장 혁신적이었고, 가장 역동적인 삶의 한 부분이었다고 말하고 싶다.

혁신학교 교사로 사는 법

가끔 선생님들에게 "혁신학교 교사는 뭐가 다른가요?"라는 질문을 받고는 했다. 과연 무엇이 달랐을까? 몇 해에 걸쳐 혁신학교에서 지내다 보니 혁신학교 교사로 사는 삶은 의외로 단순했다.

- 학교에서 업무 철저히 구분하기
- 나만 항상 일이 많고 바쁘다고 불평하기
- 학교 행사가 있어도 책상에 앉아서 바쁜 업무 처리하기
- 전문적 학습공동체 시간에는 수다나 잡담으로 시간 보내기
- 연수 시간에 늦게 오고, 휴대폰 보며 딴짓하기
- 회의 시간에는 발언하지 않고 뒤에서 불평하기
- 학교는 어차피 바뀌지 않는다고 생각하기
- 일을 떠맡지 않기 위해 내가 먼저 말하지 않기
- 아이들 이름 외우지 않기

- '그 아이 내 수업 시간에는 안 그러던데' 하면서 선 긋기
- 다른 교사들 뒤에서 험담하기
- 라떼는 말이야 하며 꼰대질하기
- 자기 주장만 내세우며 동료에게 상처 주는 말로 핀잔 주기
- 예전의 학교 이야기를 하며 현재 학교 비난하기
- 동료에 대해 무관심하고 인사하지 않기
- 상대방이 잘한 일이 있어도 칭찬에 인색하기
- 우리 반 아이만 잘 돌보면 된다고 생각하기
- 수업을 자기의 잡담으로 채우기
- 아이들을 업무적이고 불친절하게 대하기
- 조회 및 종례 등 학급 제대로 살피지 않기
- 아이들은 내가 가르쳐야 하고 복종해야 할 대상으로 간주하기
- 1년 동안 한 권의 책도 읽지 않기
- 학부모는 불편하니까 되도록 부딪치지 않기
- 수업 공개는 왜 하냐고 딴죽 걸기
- 수업은 매년 하던 대로 똑같이 하기
- 새로운 교육방법에는 전혀 관심 두지 않기
- 동료의 수업을 보며 지적과 평가하기
- 어차피 학교는 옮길 거니까 있는 동안 대충 살기
- 학교는 그저 월급 받는 직장일 뿐이라고 생각하기
- 관리자와 교사 구분하여 편 가르기

앞서 열거한 내용은 우리가 흔히 학교에서 볼 수 있는 바람직하지 못한 교사의 행동들이다. 혁신학교 교사들은 이 같은 구태의연한 자세를 벗어 버리기 위해 부단히 노력하는 사람들이다. 개인의 행동이 학교 문화에 어떤 영향을 미칠지 뻔히 알고 있기에 학교 조직을 위해 이러한 행동들을 경계한다. 따라서 혁신학교 교사들이 갖추어야 할 자세는 어려운 것이 아니라 위의 내용과 반대되는 행동으로 공동체를 위한 교사로서의 삶을 채워 가는 것이다.

혁신학교에 근무하게 되면서 학생들을 가르치는 교사로서의 삶도 중요하지만 학교 문화 개선에 대해서도 많은 생각을 하게 되었다. 아이들을 잘 가르치는 것이 교사의 소명이라면 그 아이들이 몸담은 학교를 행복한 곳으로 개선하는 것도 교사가 마땅히 해야 할 일이라는 것에 눈뜨게 된 것이다.

혁신학교 교사로 살면서 아이들과 학교를 위해 더 많이 논의하고, 더 많이 움직이고, 더 많이 고민해야 했다. 하지만 그 분주함 속에서도 교사로서 더 발전했고, 협력 속에서 더욱 동료를 사랑하게 되었으며, 학교에 대한 애정이 깊어졌고, 아이들의 삶에 대해 들여다보기 시작했다. 혁신학교 교사로서의 삶이 조금은 부담스럽고 고된 것도 사실이지만 이러한 생각과 부지런한 발걸음이 학교를 더욱 행복한 공동체로 만들어 주리라 생각한다. 또한 이렇게 학교를 위해 노력하는 문화가 아이들에게 소중한 교육으로 되돌아갈 것이라고 믿는다.

혁신학교 교사로서 조금 더 깊이 있고 실천적인 삶을 살기 위해 『학교를 개선하는 교사』에 제시된 교사 실천지침 12가지를 소개한다.[4] 이 항목들은 개인적인 삶의 성찰에서부터 학교 문화 개선을 위해 교사로서 갖춰야 할 내용을 제시하고 있다.

1. 자기 내면의 목소리를 찾아내 신중히 듣고 명료하게 드러내라
2. 성찰하고, 성찰하고 또 성찰하라
3. 위험을 감수하겠다는 사고방식을 가져라
4. 사람은 물론이고 '과정 자체'도 신뢰하라
5. 함께 일하는 교사들을 '총체적 존재'로 이해하고 존중하라
6. 동료 교사들과 '함께' 일할 수 있도록 온 힘을 쏟아라
7. 다양성을 추구하되 당파화하지는 말아라
8. 자신의 역할을 수업 활동 너머까지로 확장하라
9. 일과 생활을 균형 있게 유지하라
10. 협동적 문화가 조성되도록 교장과 다른 관리자들을 북돋우고 지원하라
11. 끊임없이 발전하고 지속적으로 새로운 것을 배우는 일에 온 힘을 쏟아라
12. 자신의 발전과 학생의 발전을 이어 주는 연결 고리를 잘 살피고 그것을 더욱 강하게 만들어라

---

4 Michael Fullan, 최의창 옮김, 『학교를 개선하는 교사』(무지개사, 2006), 110.

혁신학교는 일반 학교와는 달리 공동의 교육 비전을 가치 있게 여기고, 이에 따라 학생을 길러 내야 한다는 사명과 책무성을 가지고 있다. 또한 학교를 민주적인 학습 공간으로 만들기 위해 협력적인 문화가 필요하고 구성원들은 그것을 위해 노력해야 한다.

따라서 혁신학교 교사의 역할은 수업에만 국한되어 있지 않다. 혼자서만 잘난 유능한 교사이기보다는 동료들과 협력하여 아이들을 함께 교육할 수 있는 동료성이 있어야 한다. 학교 문화 개선을 위해 기꺼이 위험을 감수하고 시도하며, 먼 길을 함께 갈 동료를 챙길 줄 알며, 끊임없이 배움에 대한 열정으로 자신을 성장시킬 줄 알아야 한다.

교사의 지속적인 성장이 학생과 학교의 성장으로 이어질 수 있도록 만드는 열정적인 삶이 혁신학교 교사가 사는 법이 아닐까 한다.

혁신학교

1995년 5·31 교육개혁안에서 비롯된 신자유주의적 시장화 교육은 교육의 양극화와 특권화의 심화는 물론이고 지나친 경쟁과 효율성 추구로 학생들을 배움에서 소외 및 배제한다는 비판에 직면했다. 이것은 결국 교육과 학교의 본질적 역할에 대한 성찰로 이어졌다.

더 나아가 2000년에 들어서며 새로운 교육 패러다임을 공교육 체제로 수렴한 적극적 교육 혁신 운동인 작은 학교 살리기 운동에 영향을 미쳤으며 이후 2009년 혁신학교 등장의 초석이 되었다. 특히 경기도 교육청은 학교 혁신의 철학과 비전을 제시하며 교육의 본질 회복을 통해 학교교육의 공적인 가치를 실현하고자 공교육 혁신 모델 학교로서 '혁신학교'를 지정하여 성공적으로 운영함으로써 혁신교육을 주요 정책으로 제도화하였다.

혁신학교는 민주적 학교 운영 체제를 기반으로 윤리적 생활공동체와 전문적 학습공동체 문화를 형성하고 창의적 교육과정을 운영하여 학생들이 자기 삶의 역량을 기르도록 하는 자율학교다. 학생이 현재의 행복한 삶 속에서 미래사회를 살아갈 힘을 기를 수 있도록 학교교육의 총체적인 혁신을 추진한다. 입시 경쟁보다는 함께 배우는 교육을 지향하며 교사와 학생이 자발적으로 운영하고 교사와 학생 간에 서로 소통하고 협력하는 학교 문화를 목표로 한다. 교장과 교사들에게 학교 운영 및 교과 과정의 자율권을 주고 학생들이 중심이 되는 수업을 통해 교육과정의 다양화·특성화를 통해 공교육의 정상화를 추구한다는 특징이 있다.

출처 : 경기혁신교육 정책 이해(2020.12. 경기도교육청),
혁신학교 2021 우리가 함께 만들어갑니다(2021.6. 경기도교육청)

운영 체제

학생은 행복한 학교생활 속에서 미래사회를 살아가는 데 필요한 가치를 체화하고 역량을 길러야 한다. 이를 위해 학교는 배움, 나눔 그리고 성장의 가치를 담은 교육공동체의 핵심을 이해하고 실천해야 하며, 혁신학교는 이에 따라 다음과 같은 학교 운영 체제를 적용하여 운영한다.

민주적 학교 운영 체제는 학교 구성원들이 민주적이고 자발적인 참여 속에서 교육의 비전을 함께 세우고 학교교육력을 높이기 위한 여러 가지 여건을 갖추는 것을 뜻한다. 그 방향은 공공성과 민주성을 바탕으로 자발성이 실현될 수 있는 학교 구조의 혁신, 전문성을 바탕으로 한 교수·학습 체제의 정비, 지역 사회와의 협력 체제 구축 등을 의미한다.

윤리적 생활공동체란 인간 존엄의 가치를 중심으로 학교 구성원 모두가 존중과 배려의 신뢰 관계를 회복하고 자율적인 규범으로 안전과 평화의 가치를 지향하는 '삶의 방식으로서의 민주주의'를 실천하는 공동체이다.

전문적 학습공동체는 교직원들의 동료 의식을 강화하여 협력적인 연구와 실천 과정을 통해 함께 성장하는 학습공동체이다. 교육공동체가 가지고 있는 공동 과제를 공동으로 연구하고 공동으로 실천함으로써 교사 개인과 학교의 역량을 함께 성장시켜 교육의 질적인 도약을 목표로 한다.

창의적 교육과정은 교육의 공공성 구현을 목적으로 학생들이 배움의 주체가 되어 삶의 역량을 기를 수 있도록 교육공동체가 함께 참여하여 학생마다 다르게 가지고 있는 적성, 흥미, 수준, 학습 속도에 맞게 교육과정을 다양하게 디자인하는 교육을 뜻한다.

출처 : 경기혁신 기본계획 2021

교육철학

혁신학교는 공교육의 사회적 역할을 추구하는 공공성의 가치를 바탕으로 민주성, 윤리성, 전문성, 창의성을 기본 철학으로 삼는다.

공공성은 수월성 교육에서 벗어나 모든 학생에게 공평하게 교육의 기회를 제공하며 학생 한명 한명을 인격적으로 존중하며 배움에서 소외되지 않도록 한다. 민주성은 교직원, 학생, 학부모가 교육의 주체로서 자발적 참여와 소통을 통해 교육의 방향을 설정하고 민주적으로 결정하여 변화와 혁신의 지도성을 발휘할 수 있는 학교 운영 체제의 구축을 의미한다.

윤리성은 인간 존엄의 가치를 바탕으로 학교 구성원 각자의 존재와 서로 간의 관계를 소중히 여기며 존중과 배려에 기반한 학교 문화를 만드는 것 뜻한다.

전문성은 교육활동과 수업에서의 전문성과 더불어 시대, 사회적 맥락 속에서 개인의 성장은 물론 교육공동체의 성장을 위채 학습 조직화를 이루는 것을 말하고, 창의성은 모든 학생이 행복한 삶을 누리도록 삶의 바탕이 되는 힘을 길러 주는 창의적인 교육과정을 운영하고 공공성을 실현하는 것을 뜻한다.

출처 : 경기혁신 기본계획 2021

4·16 교육체제

2014년 4월 16일은 세월호 참사가 발생한 날이다. 세월호 참사로 인해 경기도 학생들의 희생이 가장 많았다. 참사 당일 배 안에서 많이 나온 안내 방송인 '가만히 있으라'라는 말이 결국 사회적으로 가장 많은 문제의식을 느끼게 했다.

그동안 교육체제는 국가 주도로 만들어졌고 1995년 탄생한 김영삼 정부의 〈5·31 교육체제〉가 가장 많이 알려졌다. 5·31 교육체제는 한국 교육체제 재구조화를 위해 '열린 교육체제, 수요자 중심교육, 교육의 자율성, 다양화와 특성화, 정보화'라는 기본 방향을 설정하여 총 4차에 걸친 교육개혁으로 20년이 지난 지금까지 교육계에 영향을 미치고 있다.

그러나 세월호 참사를 계기로 당시 교육체제의 한계를 인식하고 교육질서의 과감한 전환이 필요하다는 요구가 높아졌다. 이 과정에서 경기도교육청은 세월호 참사를 계기로 기존 교육에 대한 통렬한 반성과 함께 미래사회를 새롭게 열어 가기 위해 〈4·16 교육체제〉를 제시하게 되었다. '행복한 배움으로 모두가 특별한 희망을 만드는 공평한 학습사회'를 비전으로 모든 학생이 함께 즐겁게 배우고, 배움의 과정에서 자신의 꿈을 구체화하며, 주체적으로 행복한 삶을 열어갈 수 있는 공평한 학습 사회를 실현하겠다는 의지를 반영하였다. 또한 배움을 즐기는 학습인, 실천하는 민주시민, 따뜻한 생활인, 함께하는 세계인의 4가지 인간상을 추구하며 협력, 공공, 창의, 자율, 도전의 5가지 핵심 가치를 두고 있다.

4·16 교육체제는 교육부의 중앙집권적인 교육 정책에서 벗어나 교육자치의 한 모델을 만들었다는 것에 의의가 있다. 또한 현 정부의 국정과제 및 타 시·도교육청의 정책이나 과제에도 영향을 미치고 있다.

출처 : 경기혁신교육 정책 이해(2020.12. 경기도교육청)

PART 2

교사는
날마다 교실에서
성장한다

첫날부터 웬 서클?

7년 만에 다시 담임으로 돌아가는 첫날이었다. 설레기도 했고 한 편으로는 두렵기도 했다. 처음 만나는 아이들에게 무슨 이야기를 해 줄까를 생각하며 교무실에 도착했다. 조금은 긴장된 마음으로 자리에 앉아 컴퓨터를 켜니 메신저에 담임 공지가 도착해 있었다.

'1교시는 담임 서클 시간입니다'

'아 맞다. 서클? 어떻게 하지?'

담임 시간을 서클[5]로 진행하라고 했던 말이 이제야 떠오르다니 머 릿속이 하얘졌다. 혁신학교 전입 교사 연수 때도 학급서클에 대한 내 용을 제대로 받아 보지 않았고 직전 학교에서 몇 년 전 형식적으로 연

---

5 서클은 본래 아메리카 원주민들의 아주 오래된 전통에서 비롯되었다. '토킹스틱'이라는 도구를 차례 로 옆 사람에게 건네고 그것을 받은 사람이 자신의 이야기하는 형태의 모임이다.

수를 받아본 게 다였다. 그것도 폭력으로 인한 가해자와 피해자의 조정 절차 등에 관한 내용[6]이었다.

이렇게 아무 일도 일어나지 않는 교실에서 서클은 어떤 내용으로 어떻게 진행해야 할지 막막해서 더욱 당황할 수밖에 없었다. 나는 마음을 가다듬고 어떻게든 되겠거니 하고 생각하며 10분 먼저 교실로 출발했다. 그날따라 길게 이어진 복도가 유난히도 더 낯설고 길게만 느껴졌다.

교실에 들어서니 한 녀석이 벌써 자리에 앉아 있었고, 다른 아이들도 차례대로 교실에 들어왔다. 한 명씩 출석을 부르고 나서 서클을 시작하기 위해 다시 한번 마음을 가다듬고 심호흡을 했다.

"1교시에 서클로 자기소개를 할 거예요. 우리 반 친구들에게 말하고 싶은 것이 있으면 돌아가면서 하면 됩니다. 부담 갖지 말고 편하게 하도록 해요."

아이들 앞에서 긴장한 티를 내지 않으려고 담담하게 말했지만 정작 내가 더 부담감을 느끼고 있었다. 아이들은 내 말이 떨어지자마자 곧바로 책상을 원으로 돌리기 시작했다. 금세 서클 모형이 완성되었고 토킹스틱[7]을 가지고 있는 아이부터 차례대로 자기소개와 함께 포

---

6 서클은 크게 신뢰서클과 문제해결서클로 나눌 수 있다. 일반적으로 교실에서 일상을 나누는 데에는 주로 신뢰서클을 활용하고, 갈등 구조를 해결할 때는 문제해결서클을 활용한다.
7 서클에서 사용하는 발언 도구로, 인디언 원주민들의 회의에서 쓰는 지팡이에서 유래되었다고 한다. 학급에서는 여러 가지 도구를 사용하고 있고, 토킹스틱을 가진 사람만이 발언권이 주어진다.

부까지 밝히는 것이 아닌가! 첫날인데도 이렇게 스스럼없이 자신의 이야기를 남에게 할 수 있다니 참 놀라운 광경이었다. 예전 같으면 개학식 첫날에 출석을 부르고 자기소개서를 쓴 다음 학급에서 1인 1역할을 정하고 일사불란하게 끝냈을 것이다. 혁신학교에 와서 새로운 방식을 시도하고 있는 내가 조금은 낯설기도 했고 기특하기도 했다.

정민이 차례가 되었다.

"저는 아이들이 저한테 관심 안 가졌으면 좋겠어요."

정민이는 쌀쌀맞게 이야기하고 말문을 닫아 버렸다. 그날 정민이의 첫마디가 오랫동안 마음에 남아서 1년 동안 그 아이에게 특별히 관심을 두고 관찰하는 계기가 되었다.

서클 진행으로 딱딱했던 교실 분위기가 조금씩 부드러워지기 시작했다. 자기소개를 마친 후 1년 동안 우리 반이 어떤 반이 되었으면 좋겠는지 이야기해 보기로 하였다.

"재밌는 반이 되었으면 좋겠어요."

"싸움 없는 반이 되었으면 좋겠어요."

"체육 잘하는 반이 되었으면 좋겠어요."

아이들이 가졌던 1년의 소망이 전해지는 순간이었다. 26명의 아이가 모두 입을 열어 우리 반의 희망을 이야기해 주었다. 그 이야기들이 실제로 우리 반의 미래가 되기를 간절히 바랐다.

다음으로 우리 반끼리 가장 하고 싶은 것이 무엇인지 말해 보기로 하였다. 앞선 이야기들로 제법 말문이 트여서인지 대화가 길어지기

아이들 이야기에
나도 덩달아 함께하는
모습을 상상하며 즐거워졌다

시작했다.

"같이 요리해 보고 싶어요."

"영화 같이 보러 가고 싶어요."

"단합 대회 많이 했으면 좋겠어요."

아이들은 이야기만 하는데도 신이 난 듯했다. 아이들 이야기에 나도 덩달아 함께하는 모습을 상상하며 즐거워졌다.

"선생님, 저는 다 같이 한 시간씩 지각해 보기 하고 싶어요."

조금은 장난기 있으면서도 수줍은 듯이 한 녀석이 대답했다. 이 말을 듣고 아이들은 일제히 환호성을 질렀고 참 기발하면서 깜찍한 발상이라는 생각이 들었다. 애석하게도 우리 반에서 실제로 이루어지지 않은 활동 중의 하나로 남았지만 말이다.

아이들과 첫 만남 시간을 서클로 진행하며 누구나 할 것 없이 자연스럽게 이야기보따리를 풀었다.[8] 둥글게 배치된 의자에 앉아서 이야기했더니 아이들의 마음도 둥글둥글해졌던 것일까? 조금은 어색하고 불편했던 공기가 따뜻하고 편안하게 바뀌고 있었다. 서클 진행의 두려움과 부끄러움을 극복하고 나니 아이들이 제대로 보이기 시작했다. 아이들 한 명 한 명이 어떤 생각을 하는지 어떤 미소를 담고 있는지 어떤 사람이 되고 싶은지 들여다볼 좋은 기회가 되기도 했다.

혁신학교에서는 윤리성을 바탕으로 공동체 구성원 간의 존중과 배려의 문화를 구축하고자 노력한다. 그 목적으로 사용하는 대화의 형식이 바로 서클이다. 참여자들이 이야기를 나누는 과정에서 각자의 삶의 모습을 발견하게 되고 자연스럽게 소통으로 이어진다. 이것은 공동체 안에서 서로의 다름을 이해하고 존중하며 배려하는 문화를 형성하게 하는 과정으로서 의미가 크다.

평소 신뢰서클로 탄탄하게 다져진 구성원들의 관계는 갈등 구조를 해결하는 데도 큰 도움이 된다. 그래서 신뢰서클은 교실 문화의 윤리성 회복에 중요한 의미가 있다.

1년 동안 우리 반은 조종례 시간을 이용해 하루의 시작과 마무리

---

8 서클의 진행 방식은 질문자의 순서대로 토킹스틱을 전달하면서 모두가 참여하는 순차적 진행 방식과 즉각적 아이디어를 통해 질문을 결정하고 원하는 참가자가 발언하는 비순차적 방식이 있으며, 이 두 가지 방식을 모두 적용할 수 있는 어항 구조 방식이 있다. 어항 구조는 이중으로 된 원 안쪽에 소수의 학생이 들어가고, 바깥쪽 서클에 다수의 학생이 둘러앉는 방식으로 구성원 간의 관계를 더 깊이 관찰한다는 장점이 있다.

일상 나누기, 학기 초와 학기 말에 새로운 각오와 지난 시간 돌아보기, 존중의 약속 만들기, 생일이나 스승의 날, 학생의 날 등 축하하기, 학급 갈등 조정하기, 단합 대회나 체육 대회 전과 후 이야기 나누기, 평화로운 수업을 위한 이야기 나누기, 학부모 상담 주간 학부모와의 만남, 시험 기간 공부 계획과 성취한 이야기 나누기, 학급자치와 관련된 이야기 나누기 등에 신뢰서클을 적용하면서 더욱 단단해져 갔다.

교직 생활을 하면 할수록 경력은 쌓이지만 새로움에서는 멀어지게 된다. 자연스럽게 편안함에 안주하게 되고 타성에 젖게 되기 마련이어서 새로운 것은 시도하지 못하는 게 더 많았다. 그런데 혁신학교에서의 첫날은 잠자고 있던 나를 다시 깨워 주었다. 늘 새롭게 시도하고 도전했던 신규 교사 시절의 행복 에너지도 함께 찾아 주었다.

'첫날부터 웬 서클이야?' 했던 마음이 '아, 이래서 서클이었구나!'라는 생각으로 전환된 날이었다. 이날 이후로 우리 반 아이들은 시도 때도 없이 의자를 둥글게 돌리는 바람에 나도 모르게 웃음이 나왔다.

제가 더 착한 아이가
될 게요

혁신학교로 전근 와서 2학년 담임을 맡게 되었다. 나중에 알고 보니 2학년 아이들은 초등학교 때부터 사고뭉치로 유명한 아이들이었다. '녀석들이 사고를 쳐 봐야 얼마나 치겠어?' 하며 대수롭지 않게 여겼는데 3월이 되니 폭풍 같은 시련의 날들이 계속되었다.

수업에 들어가는 모든 반마다 네 명 정도, 소위 문제아라고 불리는 녀석들이 있었다. 선생님을 조롱하는가 하면 침을 뱉거나 한 시간 내내 떠들거나 욕설에다 엎어져 자기도 부지기수였다.

그 탓에 극심한 우울증에 시달렸다. 퇴근 후 집에 가서도 우울감이 이어졌고, 아침에도 겨우 눈을 떴다. 그냥 아무것도 하지 않은 채 계속 잠만 자고 싶었다. 이때부터 학교 탈출을 위한 시도는 더 가속화되었는지도 모르겠다.

언젠가 상담을 진행하던 날이었다.

"현준이, 오늘 상담에서 선생님께 특별히 더 말하고 싶은 거 있어?"
상담 막바지에 내가 물었다.

"네. 선생님, 저는 2학년 때는 더 착한 사람이 되기로 했어요."
수줍은 듯이 현준이가 대답했다.

"넌 지금도 착한데 무슨 말이야?"

"그래야 선생님도 우릴 떠나지 않죠. 우리를 맡은 선생님들은 다 휴직하고 학교 떠나거든요."

이 녀석 기습적으로 나에게 강편치를 날렸다.

우리 반은 문제가 되던 2학년답지 않게 열심히 수업해서 선생님들의 칭찬이 자자했고 마음 씀씀이도 따뜻했다. 스트레스로 퉁퉁 부은 얼굴을 하고 출근하는 날이면 "어디 아프세요? 얼굴이 안 좋아 보여요."라고 말해 주었고, 언제나 내 편에서 나를 이해해 주었다.

사실 나도 우리 반 녀석들만 아니면 휴직을 하고 빨리 이 끔찍한 상황에서 벗어나고 싶었다. 이 아이들과 이렇게 1년을 보낼 자신이 없었다. 그런데 그 착한 현준이가 더 착한 사람이 될 테니 떠나지 말아 달라고 말하는 것이 아닌가. 운이 없게도 2학년을 맡는 바람에 힘들다고 생각했다. 그런데 아이들은 내가 떠날까 봐 전전긍긍하며 내 눈치를 보고 있었다. 선생님에게 또다시 버림받을까 봐 숨죽이고 있었던 것이다. 그런 상황에서 내가 가장 힘들다고 투덜대고 있었다니. 갑자기 눈물이 핑 돌았다.

현준이와의 상담 후에 달라진 건 나였다. 그때부터 다시 어른의 모습으로 돌아와 정신을 차리고 우리 반 아이들부터 꼼꼼히 살폈다. 사적인 나를 내려놓고 교사의 양심을 부여잡았다. 신규의 마음으로 소명의식을 되새기자 아이들이 다시 보이기 시작했다.

대가족과 단칸방에 살아서 공부하기가 힘들었던 아이, 아버지와의 사별로 항상 결핍이 있었던 아이, 부모의 이혼으로 상처받아 자해하는 아이, 종일 피시방에서 살았던 아이, 왕따를 당해서 친구 사귀는 것을 힘들어하는 아이, 아이들을 때리며 즐거워하는 아이, 아무리 공부해도 꼴찌인 아이, 1등을 하지 못하면 부모에게 혼난다는 아이.

부모님은 계시지만 어렸을 적부터 할머니 할아버지와 사는 아이, 엄마와 아빠가 새벽에 나가서서 혼자 모든 걸 알아서 해야 하는 아이, 아빠가 백수로 있어서 마음이 힘든 아이, 어려운 가정 환경 탓에 그저 돈 많은 백수가 꿈인 아이, 성적은 1등이지만 자존감이 낮은 아이.

불량한 친구와 어울리지만 마음이 편치 않은 아이, 이혼한 아빠한테 강제로 보내질까 봐 전전긍긍하는 아이, 아침 등굣길부터 편의점 뒤에서 몰래 담배 피우고 오는 아이, 부모에게 욕을 들으면서 울었다는 아이, 아버지의 병환 때문에 내 위로 한마디에도 울음을 터트렸던 아이, 아빠가 엄마를 때려서 경찰서에 신고하고 집을 나온 아이.

우리 반 아이들의 숨겨진 모습이었다. 이런데도 아이들은 내 앞에서 내색하지 않고 언제나 환하게 웃어 주었던 것이다. 나보다 힘들어도 내 눈치를 보며 더 잘하겠다고 말하던 녀석들이었다. 나는 얼마나 더 많은 세상을 만나야 어른이 될 수 있을까? 아이들 앞에서 힘들다고 투정 부렸던 내가 한없이 부끄러워졌다.

　우울한 상황에서도 나를 지탱해 준 또 한 가지는 학년 전문적 학습 공동체였다. 모임에서 항상 아이들 이야기를 하며 아이들 때문에 겪었던 우울증과 스트레스를 날려 버릴 수 있었다. '아이들이 너무 힘들다, 그 반 애들은 괜찮으냐, 그 녀석이 이런 행동을 하던데 다른 수업 시간에는 어떻냐, 진짜 학교 출근하기 싫다, 하루하루가 두려움의 연속이다, 그래도 조금씩 나아지고 있다' 등 실패와 성공담을 이야기하면서 마음이 점차 부드러워졌다.

　1년 동안 학년 선생님들끼리 아이들의 생활을 연구하고 협동해서 지도했다. 그러는 사이 아이들은 어느새 우리의 품 안으로 서서히 들어오기 시작했고, 우리에게도 봄날이 다가오고 있었다. 수업에서 만나는 아이들은 또 얼마나 많은 세상을 안고 있을까? 그동안 가졌던 뾰족한 시선을 거두고 다시 힘을 내어 봤다. 부드럽게 아이들을 다시 바라보니 조금은 더 견딜 만해졌고, 아이들에 대한 나의 행동이 유연해졌다.

　인사를 하지 않는 녀석에게는 내가 먼저 웃으며 인사하였다. 수업 시간에 엎어져 있는 학생은 다가가서 어깨를 토닥여 주었다. 침 뱉는 학생에게는 질책하며 화를 내기보다는 바닥을 닦도록 했다. 잠자는 학생은 깨워서 같이 수업에 동참하도록 했다. 욕을 달고 사는 학생은 따로 불러 타일렀다. 화가 나서 속이 천만번 타들어 갔지만 겉으로는 '참을 인'자를 되뇌었다. 앉아 있는 것도 힘든 아이들을 데리고 즐거운 수업을 만들기 위해 더 노력했다.

그러던 어느 날, 갑자기 한 녀석이 수업 중간에 고백하듯 말했다.

"선생님! 저희는 지금까지 선생님들한테 칭찬 한번 못 들어봤어요. 너희들 같은 애들은 커서도 똑같다고 핀잔만 들었죠. 그런데 선생님이 항상 우리를 '그대들'이라고 불러 줘서 좋아요."

그 순간, 마음이 뭉클하고 시큰시큰한 것이 따뜻했다. 그렇게 우리의 수업은 맑음이었고, 아이들도 나도 마음의 문을 열기 시작했다.

그동안 환대받지 못해 마음이 아팠을 것이다. 칭찬받지 못해서 칭찬하는 법을 몰랐을 것이다. 하도 혼이 나서 혼내도 별 반응이 없었을 것이다. 아이들도 제각기 가진 상처를 참아 내는 중이었는데 나는 불평만 하고 도망갈 궁리만 했다. 돌이켜 보니 나를 일깨워 준 아이들이 내 스승이었다. 마음이 아픈 아이들을 통해 교사로서의 사명을 다시 한번 깨닫고 나니 오랜만에 내 마음도 활짝 웃었다.

교무실에서 다시 현준이를 만난 날, 나는 웃으며 말했다.

"현준아! 선생님은 너희들 절대 안 떠날 거야. 그러니 너도 착한 사람 말고, 그냥 너로 살아도 돼!"

현준이의 수줍은 미소도, 그날따라 유난히 기분 좋았던 햇살도 따뜻하게 느껴졌다.

계주 선수로
누가 나가요?

가을 체육 대회를 준비하던 어느 날이었다. 아이들은 삼삼오오 교실에 모여 학급 깃발을 만들며 승리를 기원했다. 게다가 반드시 1등을 해서 피자를 먹고야 말겠다며 전략을 짜고 친구들의 기량을 자세히 분석해 선수 명단도 작성했다.

덕분에 단체 줄넘기, 계주 등에서 결승전에 올랐는데 문제는 여기서부터 시작되었다. 학급 계주에 참여하고 싶은 남학생들이 너무도 많았다.

"선생님, 체육 대회 때 학급 대표 계주 선수로 누가 나가요?" 반장인 진이가 진지한 얼굴로 묻는 말에 나는 대수롭지 않다는 듯이 대답했다.

"응, 왜? 잘하는 애가 나가면 되지!"

"우린 민석이가 나가면 이길 것 같은데, 성준이가 꼭 나가서 뛰고 싶대요."

"그럼 어떻게 할까?"

아이들은 잘하는 사람을 대표로 내보내자며 선생님도 함께 나가서 심판을 봐 달라고 요청했다. 우리는 곧바로 6교시 창체[9]시간 중간에 운동장으로 나갔다.

"애들아! 여기서 저 끝까지 가는 거야. 선생님은 눈 크게 뜨고 잘 보세요."

남학생들이 예비 선수들에게 먼저 설명을 하고, 호루라기를 불며 한 치의 오차도 없이 꼼꼼히 초를 기록했다. 나는 반대편에서 흥미진진하면서도 따뜻한 시선으로 우리 반 녀석들을 바라보았다. 여학생들이 전력을 다해서 들어온다. '오호! 제법 빠른데? 이 정도면 괜찮겠다!'고 생각했는데 마침 세 명의 선수가 뽑혔다. 다음은 남학생 차례였다. 잘하는 사람 말고도 뛰고 싶은 남학생은 모두 나와서 뛰었다. 그런데 첫 시합에서는 승패가 나지 않았다. 두 번째 또 달렸다. 이번엔 민석이, 선호, 진영이가 순위 안에 들었다. 그런데 몇 번을 더해도 계주 대표 선수로 뛰고 싶었던 성준이는 4등이었다.

"자! 이제 기록 다 쟀으니까 누가 나가면 되는지 알겠지? 남자는 민석이, 선호, 진영이가 나가면 되겠다. 이렇게 나가면 우리 반이 1등 할

---

9 초중고 교육과정에서 교과 외에 실시하는 활동으로 창의적 체험활동의 줄임말. 자율, 동아리, 봉사, 진로 등으로 구성되어 있다.

것 같아. 오늘 정말 멋졌어. 이것으로 끝!"

선발된 아이들을 보고 있자니 정말 우리 반이 1등을 할 것 같은 생각에 기분이 한창 들떴다. 서둘러 이야기를 마무리하고 종례를 하려는데 반장이 다시 손을 들었다.

"선생님! 그런데 성준이가 꼭 학급 대표로 나가고 싶대요."

"아! 진짜? 이미 선발전도 치렀고, 뽑힌 세 명이 나가야 우리 반이 1등 할 것 같은데…."

나는 난감한 표정으로 말끝을 흐렸다.

'이 상황은 뭐지?' 교직에 있으면서 이런 경우는 처음이었다. 우리가 창체 시간 내내 예선을 치른 것은 순위에 따라 계주 선수를 뽑겠다

경쟁과 우승이라는
공동의 욕망을 떨쳐 내고
한 개인의 열정을
응원해 줄 수도 있는 것일까?

는 암묵적인 약속이었고, 동의한 사항인 줄 알았는데 퍽 난감한 상황이었다. 교실 공기가 내 마음과는 다르게 흘러가고 있었다. 평소대로라면 안 된다고 딱 잘라 말하고 정해진대로 하자고 했을 텐데 성준이의 간절한 눈빛을 보고는 차마 입이 떨어지지 않았다.

나는 마음을 가다듬고 다시 아이들에게 의견을 물었다.

"성준이 마음이 꼭 그렇다면 다른 친구들 생각을 들어볼까?"

"네, 그래요. 선생님! 들어봐요."

아이들은 다행히 불평하지 않고 서로의 의견을 들어보려 하였다.

"성준아! 너 먼저 마음을 말해 볼래?"

"저는 이번 학급 계주 대표로 꼭 뛰어 보고 싶어요. 비록 4등이지만 나가서 열심히 해 보고 싶어요."

성준이는 주저하지 않고 자신의 마음을 아이들에게 내비쳤다.

"저는 아까 순위 매긴 3등까지 나가야 우리 반이 우승할 것 같아요."

"저는 성준이가 나가도 괜찮을 것 같아요. 그렇게 뛰고 싶다는데 초 차이도 별로 안 나고요."

아이들의 의견은 두 갈래로 나뉘었다. 나는 걱정이 되기도 했고, 아이들에게 결정에 대한 확답을 받고 싶어서 다시 한번 물었다.

"성준이가 뛰면 우승 못 할 수도 있어. 그래도 괜찮겠어?"

회의가 끝날 무렵 민석이가 조심스럽게 이야기를 꺼냈다.

"선생님, 제가 안 뛸게요. 성준이가 뛰고 싶어 하는데 그렇게 하는 게 좋을 것 같아요."

아이들도 수긍한 듯 고개를 끄덕였다.

회의를 지켜보면서 알 수 없는 혼란을 느꼈다. 지금까지 가지고 있었던 사고의 경계가 무너진 느낌이랄까? 남들보다 잘하는 사람이 1등이 되어야 한다고 무의식적으로 배웠고, 그렇게 경쟁하며 살아왔다. 그래서 어쩌면 내가 배웠던 대로 아이들에게 똑같이 교육하고 있었는지도 모르겠다. 어디 그뿐인가? 남들 앞에서 자신의 열망을 저토록 간절히 표현해 본 적도 없었기에 이 광경이 낯설게만 느껴졌다.

4등의 예비 선수가 1, 2, 3등을 제치고 대표 선수로 발탁될 수도 있는 것일까? 경쟁과 우승이라는 공동의 욕망을 떨쳐 내고 한 개인의 열정을 응원해 줄 수도 있는 것일까? 한 번도 생각해 보지 않은 것을 아이들을 통해 마음으로 체득한 날이었다. 아이들은 그동안 존중과 배려의 교실 문화 속에서 경쟁보다는 친구의 열정을 인정해 주고 격려해 줄 수 있는 역량을 차곡차곡 키울 수 있었다. 공동체 의식을 존중하지만 한 개인의 소중한 삶도 인정해 줄 줄 알았던 것이다.

그동안 학급을 운영할 때 아이들이 내 지시에 따라 일사불란하게 움직여 학급이 질서 정연하게 유지되는 것을 선호했다. 그래야 교실의 평화가 빨리 찾아오기도 했고, 어떤 결정을 하는데 신속하고 편했기 때문이었다. 돌아보니 교사 관점에서 효율성에만 초점을 두었던 비민주적인 학급 운영이었다. 권위적인 선생님도 아니었지만 딱히 민주적인 선생님도 아니었다.

혁신학교로 전입해 오면서 자치 활동 대부분을 아이들과 회의하는데 보냈다. 생일 파티부터 학급 폭력, 교실 수업 약속, 단합 대회 등 등에 이르기까지 학급에 일이 생기면 무조건 서클로 둘러앉아 이야기 했다. 그랬던 덕분일까? 우리 아이들이 이렇게 민주적인 자질을 가진 시민으로서 함께 성장해 나가고 있음을 느낄 수 있었다. 자신의 이야 기는 물론 남의 이야기에도 귀 기울여 주고 평화롭게 문제 해결 방법 을 체득한 아이들을 보면서 가슴이 뭉클해졌다.

체육대회 결승 날. 성준이는 날랜 몸으로 바람을 가르며 있는 힘을 다해 멋지게 달렸다. 아이들 응원에 빠르게 달리는 성준이의 모습이 마치 날개를 단 듯 가벼워 보였다. 계주 선수로 뛰는 열정적인 성준이 를 볼 수 있어서 다행이었다. 또한 우리 반 같이 아름다운 녀석들을 만날 수 있어서 감사한 날이었다.

우리 반은 결승전 계주에서 1등을 하진 못했지만 그날의 체육 대 회는 충분히 행복했다. 그리고 4등도 1등처럼 꿈을 펼칠 수 있었던 그 날의 기억은 나에게 오랫동안 특별하게 남아 있었다.

평화로운 학급이
되는 중입니다

　새 학기가 미처 시작하기도 전부터 옆 반 선생님으로부터 이런 말을 들었다.

　"선생님, 2학년 엄청 힘든 애들이에요. 그렇지만 1반은 민석이만 잘 잡으면 괜찮을 거예요."

　새 학기를 기대하고 있는 나로서는 김빠지는 말이었다. 대수롭지 않게 여겼는데 그 말은 적중했다. 내가 담임을 맡고부터 민석이는 크고 작은 사고를 치기 시작했다. 수업이 시작되면 바로 엎어지거나 옆 친구와 장난을 치는가 하면 이따금씩 친하다고 생각되는 친구들을 때리면서 수업을 방해했다.

　급기야 아이들은 교무실로 찾아와 민석이 앞에서 하지 못했던 말들을 하나씩 일러바쳤다.

　"선생님! 민석이가 계속 저한테 욕했어요."

"민석이 때문에 수업 시간에 집중이 안 돼요."

"민석이가 자꾸 저만 때려요."

"민석이가 국어 선생님께 대들었어요."

"그랬구나. 그럼 민석이한테 하지 말라고 말하지 그랬어."라고 별것 아니라는 듯이 대꾸하니 아이들이 작은 목소리로 말했다.

"대놓고 말하기가 무서워요."

민석이는 초등학교 때부터 유명했던 아이라 아이들은 부당하다고 생각되더라도 쉽게 이야기하지 못했고 동급생들도 민석이를 무서워했다.

학생들뿐만 아니라 선생님들을 통해서도 민석이에 관한 불편한 소식들을 접해야 했다. 민석이는 물론 부모님과도 여러 차례 상담했지만 그때뿐이었다. 계속 이렇게 가다가는 교실 분위기도 엉망이 되고 아이들 수업 환경도 무너지겠구나 싶어 근심이 쌓여만 갔다. 괜히 아이들이 숨죽이면서 학교 다니는 것도 싫었고 무엇보다 학급 내 서열이 생기는 것이 가장 걱정스러웠다.

그러던 어느 날 민석이가 수업 시간에 친한 친구를 다치게 해서 병원까지 가는 일이 생겼다. 머리끝까지 화가 치밀어 큰소리로 혼내고 말았다. 하지만 그 녀석은 계속 장난이었다고 이야기하면서 깊이 반성하지 않는 눈치였다. 같이 지내보니 마음이 나쁜 아이는 아닌데 습관처럼 하는 행동들이 문제였다. 이러한 상황들을 어떻게 처리해야 할지 고민이 깊어 갔다.

마침 돌아오는 창체 시간이 민석이 이야기를 나눌 좋은 기회라는 생각이 들었다. 많은 생각 끝에 학급회의 시간에 '평화로운 학급 만들기'라는 내용으로 자연스럽게 민석이와 관련된 이야기를 하며 회복적 질문[10]을 던져 보기로 했다.

내가 차분하게 말문을 열었다.

"얼마 전 우리 반에서 민석이가 친구를 다치게 하는 사건이 있었던 거 알지?"

그러고는 얼마 전에 있었던 폭력 사건부터 민석이가 수업 시간에 자잘하게 했던 잘못된 행동들에 대해서도 조목조목 짚으며 이야기해 나갔다. 아이들은 말없이 듣고만 있었다.

"선생님은 민석이 때문에 무척 화가 났었거든. 과연 민석이는 우리가 어떻게 생각하는지 알고 있을까 궁금해졌어. 우리 학급을 평화롭게 만들기 위해서 우선 마음을 들여다보는 것부터 하려고 해. 현재 우리 반에서 일어나는 일들에 대해 다 같이 어떤 마음인지 이야기해 보자. 그러고 나서 개선 방안을 의논하면 어떨까?"

자칫 잘못하면 민석이를 질책하는 시간이 될지도 몰라 조심스러웠다. 그래서 민석이보다는 민석이의 행동으로 인한 불편들을 해결하기 위한 자리라는 것을 다시금 강조했다.

---

10 문제 행동, 상처, 그리고 깨어진 관계를 회복함과 동시에 그런 말과 행동을 한 사람의 원래 의도를 탐구하기 위해 던져지는 열린 질문이다. 일상적 갈등 상황에서 직접 드러난 문제의 해결은 물론 그 너머의 가능성을 발견하여 학생 성장의 기회로 삼을 수 있다.

"선생님은 민석이가 괜찮다면 먼저 민석이의 행동을 보면서 각자 어떤 생각이 드는지 듣고 싶은데, 어때?"

긴장한 민석이가 괜찮다며 고개를 끄덕였다.

"그럼 요즘 너희들이 민석이의 행동을 보고 어떤 생각이 들었는지 이야기해 줄 수 있을까? 물론 민석이도 차례가 오면 네가 하고 싶은 말을 해도 돼."

민석이의 눈치를 보느라 아이들은 쉽사리 입을 열지 못했다. 가장 앞에 앉은 친구가 용기를 내서 먼저 입을 열었다.

"민석이가 수업 시간 떠들면 집중도 안 되고 짜증나요."

"싫다는데 자꾸 놀려서 기분 나빠요."

"자꾸 수업 시간에 시비 걸어서 여러 번 참았지만 화가 나요."

"선생님들한테 대들 때 진짜 때려 주고 싶었어요."

"친구들을 장난으로 때리는 게 도를 넘은 것 같아요. 그만했으면 좋겠어요."

아이들은 한 명도 빠짐없이 마음속에 담아 두었던 이야기를 용기 있게 꺼냈다. 이야기를 듣고 있던 민석이는 고개를 들었다 숙였다 하며 한숨을 쉬었다.

"미안해. 너희들이 그렇게 생각하는지는 몰랐어. 다음부터는 조심할게."

조금은 멋쩍은 듯이 민석이가 대답했다. 잘못했을 때마다 항상 부모님과 선생님께 혼나기만 했을 뿐 친구들 이야기를 직접 들어보기는 처음이었을 것이다. 민석이의 마음이 움직였던 것이었을까? 민석이가 다시 한번 말했다.

"미안해."

아이들이 마음에 담은 이야기를 모두 할 수 있었고, 민석이도 아이들의 심정을 듣고 그 마음을 조금은 이해해 주어서 참 다행이었다. 덕분에 아이들을 바라보는 내 마음이 한결 가벼워졌다.

"그런데, 민석이가 또 그러면 어떻게 하지?"

"선생님, 또 그러면 우리가 민석이 때려 줘요."

"우리도 같이 욕해요."

"학급을 위해 남아서 착한 일 하나씩 시켜요."

아이들은 긴장이 풀렸는지 장난 섞인 말과 예쁜 이야기들을 쏟아냈다.

민석이는 회의에서 나온 약속을 다행히도 잘 지켜 주었다. 잘못이 있을 때는 반을 위해 봉사하고 가느라 하교가 늦어지는 날이 많았다. 그래도 불평 없이 할 일을 마치고 돌아갔다. 그날 만들어진 학급 약속 덕분에 우리 반 아이들은 각자 행동에 대한 책임을 지게 되었다.

물론 그 후 교실에서 민석이를 둘러싼 사건들이 완전히 사라진 것은 아니었다. 하지만 아이들은 예전만큼 민석이를 부담스러워하지 않았다. 시간이 지날수록 서로를 바라보는 시선에서 조금씩 따스함이 묻어났고 그렇게 1년을 함께 가기 위한 동행을 시작하게 되었다.

학급회의를 통해서 아이들이 목소리를 낼 때가 참 좋다. 한마디도

할 수 없었던 내 학창 시절을 돌아볼 때 정말 너무도 멋진 광경이기 때문이다. 그래서인지 아이들과 함께 만들어 내는 변화도 귀하게 느껴진다. 아이들이 사회인이 되어서도 지금처럼 자기 목소리를 충실히 낼 수 있으면 좋겠다. 이렇게 자신들의 삶 속에서 현명하게 문제를 해결하는 방식을 배우면 아마 멋진 어른으로 성장하지 않을까?

공부해도 안 되면
또래 멘토링으로!

동주의 성적표를 보고 나는 한숨이 절로 나왔다. 전 과목 평균이 30점대라니 공부를 한 것인지 안 한 것인지 머리를 한 대 쥐어박고 싶은 심정이었다. 가만히 동주를 응시하며 말했다.

"동주야, 성적이 이게 뭐야?"너 공부 한 거 맞아?"

"네. 저 열심히 공부하는데요. 맨날 성적이 이래요. 히히히."

동주는 언제나 그랬다는 듯이 밝은 얼굴로 대꾸했다.

"웃음이 나오냐, 이 녀석아. 으이그."

동주의 말을 듣고 어이가 없어서 나도 따라 웃었다.

첫 시험을 끝내고 우리 반 성적표를 보니 동주뿐만 아니라 하위권에 10명 정도의 아이들이 포진해 있었다. 우리 반은 수업 태도도 좋고 항상 열심히 해서 칭찬을 받아 왔기 때문에 당연히 성적이 좋을 것이라고 예상했는데 아니었다. 그냥 열심히 듣고만 있었던 것이다. 아이고! 한숨이 절로 나왔다.

학교생활에서 가장 중요한 건 성적이 아닐 수도 있다. 하지만 그 중요하지 않은 성적이 아이들의 자존감 형성에 큰 영향을 미친다는 것은 부정할 수 없다. 아이들은 학교에서 대부분의 시간을 공부하면서 보내고 그에 대한 성적의 무게를 견디며 살아간다. 공부와 성적에 대한 자존감이 부족하면 학교생활에서 항상 기가 죽을 수밖에 없다. 따라서 가장 기본적인 공부를 통해 성취감을 맛보게 하고 자존감을 높여 주는 것이 무엇보다 중요하다.

지난 1년 동안 '우리 반은 맨날 꼴등이래'라는 말을 들으며 지냈던 아이들은 특별한 자극이 없는 한 꼴등일 수밖에 없다. 이런 무의식적인 말들이 아이들의 마음에 들어가면 열심을 낼 의지를 잃게 된다. 노파심이겠지만 행여나 아이들이 낮은 자존감 때문에 하고 싶은 일이 생겨도 앞으로 나아가지 못할까 봐 걱정되었다.

가끔이지만 열악한 환경에 있는 아이들을 가르치다 보면 착한 아이들로 커 주기만 해도 감사하고 학교에 와 주는 것만도 감사하다고 생각하곤 했다. 하지만 우리 반 아이들을 보면서 다시 욕심을 내고 싶었다. 안 그러면 아이들은 그냥 공부 머리는 없는 착한 아이로만 남을 것 같은 생각이 들어 두렵기까지 했다.

될 수 있으면 빨리 교사로서 할 수 있는 것들을 찾아내야 했다. 몇 날 며칠을 고민한 끝에 내놓은 첫 번째 일은 '공부 프로젝트'였다. 상담을 통해 목표를 설정하고 구체적인 계획을 세운 뒤 스스로 공부하게 하자는 것이었다. 우선 꿈과 진로에 대해 상담을 진행하였다. 목표 의식을 가지고 공부하기 위한 첫 단계의 일이었다.

그런데 상담을 하면서 또 한 번 놀라고 말았다. 26명의 아이 중에 서너 명을 빼고는 꿈이 없었다. 더 황당한 것은 그러면서 돈 많은 백수가 되고 싶다는 아이들이 태반이었다. 무슨 생각을 하며 사는 건지 도무지 이해가 되지 않았다. 어떻게 꿈을 꾸지도 않고 돈 많은 백수가 된다고 하는 건지 알 수 없는 노릇이었다.

교육열이 지나친 지역이 있는 반면 어떤 지역은 전반적으로 공부에 대한 열정이 그다지 크지 않은 곳도 있다. 공부에 열정적이지 않은 지역의 분위기에 휩쓸려 별다른 자극이 없을 수도 있고, 때로는 가정 환경 때문에 또 다른 꿈을 꿀 엄두를 못 내는 경우도 있다.

여러 가지를 염두에 두고 다시금 아이들의 꿈과 미래에 대해 구체적으로 이야기를 나누었다. 더 나은 삶을 살기 위해서 꿈은 있어야 하며 그것을 향해 공부해야 한다고 시간이 날 때마다 이야기했다. 이어서 구체적으로 어떤 공부를 해야 하는지, 어떻게 공부해야 하는지 알려 주었다.

아이들은 차츰 자신의 꿈에 대해 생각하게 되었다. 1학기 생활기록부에 '진로 희망 없음'으로 기록되었던 꿈들이 2학기에는 분명하게 드러나게 되었다. 꿈은 바뀔 수 있지만 꿈이 분명 공부의 불씨가 되고 삶의 희망이 될 수 있다는 지속적인 믿음을 심어 주었다.

두 번째로 아이들과 한 일은 구체적인 계획을 세우고 날마다 실행하는 것이었다. 아이들은 기말고사 한 달 전부터 그날그날의 세부 목표를 세우고 공부해 가면서 날마다 나에게 검사를 맡았다. 시험 시작 일주일 전부터는 매일 한 명씩 점검 문자를 보내 주었다. 불시에 문자 보낼 테니까 공부하고 있는 페이지를 찍어서 올리거나 답신을 하라고 했다.

아이들은 지금까지 한 번도 받아 보지 못했다던 담임 선생님의 응원 메시지를 서로 자랑하며 열심히 공부했다. 남들이 보면 극성이라고 할지 모르겠지만 담임으로서 할 수 있는 소임을 다하고 싶었고, 꼭 목표를 이루어 내는 아이들의 모습을 보고 싶었다.

기말고사가 끝나고 드디어 성적이 나왔다. 우리 반 성적은 12등에서 6등으로 크게 상승했다. 놀라운 결과였다. 더 기쁜 것은 노력에 대한 믿음을 배우고, 할 수 있다는 자신감을 얻은 것이다. 그런 아이들의 모습을 지켜볼 수 있어서 행복했다.

그러나 반의 성적 향상에도 불구하고 동주와 하위권 아이들의 성적은 조금의 차이만 있을 뿐 거의 제자리였다. 뭔가 또 다른 대책이 필요했다.

어떤 방법이 기초가 부족한 아이들에게 효과적일까? 많은 날을 고민하다가 마지막으로 학교에서 실시하고 있는 학급 또래 멘토링[11]을 활용하기로 했다. 멘토는 봉사 시간을 받고 일정한 시간 동안 멘티들을 가르치고 멘티 학생은 부족한 공부를 보충받는 형식이다. 우리 반 아이들은 봉사 시간에 상관없이 공부 잘하는 아이들이 멘토를 지원하여 성적이 오르지 않는 친구들을 도와주기로 했다.

기초가 부진한 학생을 위주로 했는데 우등생인 아이들도 멘티 학생으로 참여해 주어 더욱 효과적이었다. 성적은 좋지만 특정 과목이 부족한 학생들은 해당 과목을 잘하는 아이들에게 배우며 성장했다. 잘하는 아이들끼리도 경쟁하지 않고 선뜻 자기가 가진 지식과 노하우를 나누면서 함께 가르치고 배울 수 있다는 것이 참 기특했다.

동주를 비롯해 하위권의 학생들은 가장 외우기 쉬운 암기 과목부터 정복하기로 했다. 의논한 끝에 가장 좋아하는 역사 공부부터 시작하기로 하고 우리 반에서 역사의 신으로 불리는 가인이가 멘토를 맡아 주기로 하였다.

아이들은 수업이 끝나고 교실에 남아 시험 범위를 열심히 공부했다. 교무실에서 업무를 보다 교실에 몰래 가 보면 자기들끼리 뭐가 그리 재미있는지 웃음소리가 교실 밖으로 흘러나왔다. 그래도 즐겁게 공부하는 것 같아서 그 모습을 보는 내내 흐뭇했다.

어느 날 교무실에 들른 가인이가 투정 부리듯 한숨을 쉬며 말했다.

"선생님. 동주 진짜 바보예요." 모르는 척하며 무슨 일인지 물어 보았다. "동주는 똑같은 것을 열 번 가르쳐야 겨우 한 번 정도 기억할까

---

11 또래 멘토링은 기초학력 미달 학생들을 위한 보충 학습으로 또래들끼리 멘토-멘티를 맺어 부진한 학습을 보충할 수 있도록 하는 방법이다. 각 학교에서는 여러 가지 방법을 이용하여 학력 향상을 꾀하고 있다. 우리 학교는 또래 멘토링, 짝 멘토링, 담임제 멘토링 등을 활용하였으며 현재는 교육부에서 지원하는 온배움터를 고용하여 기초학력 향상에 노력하고 있다.

말까예요."라며 큰소리로 하소연을 하더니 또 한 번 한숨을 내쉬었다. "그래? 그래도 어쩌겠어. 그나마 동주가 역사가 제일 만만하다고 하니. 가인이가 좀 참고 가르쳐야지."이야기를 듣고 있는 내내 웃음이 나오는 걸 겨우 참았다. "다른 애들은 그래도 좀 알아듣는데 동주는 정말 때려 주고 싶어요." 이야기를 한껏 쏟아 내더니 후련한 듯 돌아갔다.

아이들은 시험을 앞두고 매일같이 함께 어울려 공부했다. 웃기도 하고 화내기도 하면서 열심히 가르치고 배웠다. 기적적인 일이 생긴 것은 역사 시험을 본 날이었다. 채점하고 난 후 가인이가 쏜살같이 달려와서는 잔뜩 흥분해 소리를 질렀다.

"선생님! 동주 역사 시험 70점 맞았어요! 야호~"

옆에 따라온 동주도 어쩔 줄 몰라 수줍게 웃고 있었다. 그 뒤로도 우리 반은 같은 방식으로 공부를 이어 나갔고 상위권의 좋은 성적을 유지했다. 저마다 자신의 꿈을 지속적으로 생각하며 구체적인 공부 계획을 세워서 실행해 갔다.

이 도전에서 가장 효과적이고 의미 있었던 것은 역시 아이들끼리 서로 배우고 가르쳤던 일이었다. 우리 반에서 실시했던 또래 멘토링은 아이들의 라포(rapport)를 바탕으로 좋은 학업성취도로 이어졌고 자기효능감도 높아지는 계기가 되었다.

아이들은 또래 멘토링을 통해 공부는 혼자서 해야 하는 외로운 싸움이 아니라 함께하면 더 즐겁고 달콤한 것이 될 수 있음을 알았을 것이다. 서로 성적을 다투어야 하는 교실에서도 경쟁보다는 함께 도와주고 챙겨 주면서 성장할 수 있는 배움을 실천하는 아이들이 대견스러웠다.

학급에서 공부에 어려워하는 아이들이 있다면 학급 또래 멘토링을 적극적으로 활용하자! 아이들끼리 배우면서 성장할 수 있도록 기회를 주면 아이들은 우리가 기대한 것보다 분명 더 많은 것을 이루어 낼 수 있다.

우리만의 데이트

교무실에서 비밀스럽게 데이트 쪽지를 만들었다. 쪽지에는 데이트 장소, 시간, 부모님 서명 란을 만들어 넣었다. 그렇게 만들어진 쪽지는 복도에서 비밀리에 아이들에게 전달되어 더욱 스릴 만점이었다. 우리 반은 창의학급 경영의 날을 통해 가끔씩 이벤트 성으로 학급 데이트를 한다. 이번 학급 데이트는 학급을 위해 봉사한 친구들과 함께할 거라고 아이들에게 미리 공지했고, 쪽지를 받은 친구들이 대상자였다.

우리는 당일 수업이 끝나고 학교 앞 도당산으로 향했다. 늦게까지 교실에서 선풍기를 닦느라 고생했던 아이들과 방과 후 시간을 이용해서 등산 데이트를 하기로 한 것이다. 소풍날도 아니었는데 방과 후에 함께했던 기분 좋은 나들이가 한 학기 내내 우리에게 좋은 에너지를 가져다주었다.

"선생님, 그런데 갑자기 웬 산이에요?"

의아해하며 가인이가 물었다. 나는 말없이 씨익 웃으며 아이들을 쳐다보았다. 아이들도 아무래도 상관없다는 듯이 기분 좋게 산을 타기 시작했다. 서로 이야기도 하고 노래도 부르면서 산 중턱에 다다르고 있었다.

오랜만에 산을 타니 맑은 공기에 기분은 좋았지만 몸이 말을 듣지 않았다. 잠깐 숨을 고르며 쉬고 있자니 아이들은 걱정 반 놀림 반의 표정으로 쳐다보면서 기다려 주었다. 아이들 손을 잡고 다시 힘을 내어 산을 오르기 시작했다. 아이들과 앞서거니 뒤서거니 산을 오르다 보니 어느새 정상이 가까워져 왔다.

"드디어 다 왔다! 야호~"

정상에 올라서니 좋으면서도 만감이 교차했다. 아이들과 지지고

아이들은
교실에 있을 때보다
밖에 나오니
더 생기가 넘쳤다

볶으며 보냈던 몇 달의 시간이 아련하게 지나갔다. 우울하고 아팠던 내 마음도 덩달아 바람에 실려 가는 기분이었다. 아이들은 교실에 있을 때보다 밖에 나오니 더 생기가 넘쳤다. 얼굴도 화사하니 더 예뻐 보였고 목소리도 낭랑해졌다. 가끔 이렇게 아이들과 산을 오르면 좋겠다고 생각했다. 그러면 더 부드러운 마음으로 서로를 바라볼 수 있을 테니까.

산에서 내려와 맛있게 치킨을 먹으면서 한창 이야기꽃을 피웠다. 많이 먹어 미안했던지 다 먹고 난 다음에 내 주머니 걱정을 해 주었다. 아이들이 속도 깊고 다 컸구나 싶었다.

괜히 마음 한구석이 따뜻해졌다. 아이들과 같이 산을 타고 내려온 일밖에 없는데 그날 이후로 아이들은 더 순해졌고 내 마음에도 한결 여유가 생겼다. 함께 걸었던 시간만큼 학교에서도 더 끈끈한 유대감을 계속해서 유지할 수 있었다. 아이들은 등산했던 날 엄청 힘들었다고 말하면서도 또 언제 가느냐고 가끔 묻곤 했다.

2학기에는 아이들과 함께 영화를 보기로 했다. 사실 개학 첫날 우리 반 아이들이 다 같이 하고 싶은 것을 적었는데 그중에 2위를 차지했던 것이 '함께 영화 보기'였다. 아이들은 집에서는 영화를 많이 보지만 가족들하고도 영화관은 자주 가지 못한다고 했다. 게다가 친구들이랑 선생님과 다 같이 가는 것은 처음이라고 털어놔서 마음이 짠해지기도 했다.

극장을 가기 전에 '요즘에도 아이들이 학교 친구들하고 다 같이 영화를 보러 가고 싶어 할까?'라는 의구심이 들었지만 학기 초에 나누었던 우리 반의 희망 보드에 담겨 있던 내용이라 일단 실천해 보기로 한 것이다. 그러다 고등학교 시절, 시험이 끝나고 학교에서 단체 영화를 보러 갔을 때 정말 행복했었던 기억이 되살아났다. 아이들도 내 학창 시절과 같은 기분으로 참여한다면 분명 즐거운 하루가 될 것이라고 확신했다.

아이들은 사복을 입어도 되느냐, 화장은 어디까지 가능한지 등을 묻느라고 난리였다. 영화를 처음 보러 가는 아이들처럼 한껏 들떠서 이것저것 신경 쓰는 모습을 보니 괜히 웃음이 났다. 극장 매표소 앞에 하나둘씩 모여드는데 한껏 멋을 부린 모양이 멀리서도 티가 났다.

아이들에게는 즐거운 날이지만 인솔자였던 내 목표는 밖에 나온 어린 새끼들을 잃어버리지 않고 무사히 돌보는 것이었다. 신경을 곤두세웠더니 머리가 지끈거릴 정도였다. 반장이 표를 나눠 주고 아이들을 입장시켰다. 작은 상영관이라 영화관의 3분의 1 정도를 우리 반이 차지하고 있으니 집에 있는 것처럼 편안해졌다.

그날 본 영화는 〈물괴〉였는데 어쩐지 옛날에 봤던 〈괴물〉의 사극판 같아서 시시해 보였다. 하지만 아이들은 물괴가 나올 때마다 탄성을 질러 가며 아주 재미있게 보았다. 아이들 덕분에 나도 덩달아 재밌게 영화를 즐길 수 있었다.

다음날 등교한 아이들은 영화관 갔던 이야기를 한참 동안 했다.

"영화보다가 앞쪽을 보니까 선생님이 계단에서 갑자기 없어지시던데….”

아이들이 궁금해하며 나와 동주에게 그때 일을 물었다. 사실 나는 영화관에서 동주랑 같이 화장실에 다녀오다가 계단 중간에서 넘어졌었다. 그렇게 바닥에 엎어진 채 어둠 속에서 한참을 있었다. 학교에 와서야 진실을 확인한 아이들은 배꼽이 빠져라 웃어 댔다. 창피했지만 아이들과 즐거운 추억 하나를 만들어서 행복한 날이었다.

1년 동안 창의학급 경영의 날[12]을 알차게 운영한 덕분에 아이들과의 추억이 하나둘 쌓여 갔다. 공부로 지친 와중에도 여유 부릴 수 있는 날들이 있어서 좋았고, 끈끈한 시간을 보낼 수 있어서 감사했다. 나도 아이들도 모처럼 만에 기분 좋은 소풍으로 마음속에 행복을 가득가득 저장할 수 있었다. 앞으로도 아이들이 마음속으로 바랐던 일들을 하나씩 선물해 주는 담임 선생님이 되고 싶다.

---

12 혁신학교는 매년 예산을 배부하여 학교마다 특색 있는 교육활동을 지원한다. 우리 학교는 학급 구성원 간의 화합과 존중, 배려의 문화를 만들기 위해 창의학급 경영의 날을 운영한다. 연 2회 진행하며 교내외 활동으로 구성하여 사제 간의 정과 친구들과의 친목을 다지는 시간으로 활용한다.

너희는 감동이었어!

　　아이들은 며칠 전부터 단합 대회를 한다고 온종일 들떠 있었다. 지금까지 담임을 하면서 단합 대회는 항상 부담스러운 시간이었다. 재미는 있었지만 처음부터 끝까지 선생님의 지도하에 운영됐기 때문에 더 고된 시간이었는지도 모른다.

　　그러나 혁신학교에 오면서부터는 변화를 주었다. 아이들에게 무엇이든지 서로 의논해서 정하도록 했고, 조언이 필요할 때만 도와주는 정도로 내 역할을 축소했다. 이런 변화 때문인지 이번 단합 대회도 아이들끼리 의논하여 행사 내용을 정했기 때문에 예전과 달리 준비와 진행이 수월하게 이루어졌다.

　　단합 대회 일정은 무척 빡빡한 구성이었다. 마피아 게임, 수건돌리기, 팔씨름 대회, 런닝맨 등 다양한 놀이로 구성되어 있었는데 너무 많아 제시간에 집에 갈 수나 있을는지 의문이었다. 밥을 먹고 난 후 수

건돌리기를 시작하였다. 요즘도 아이들이 이런 놀이를 한다는 게 촌스럽기도 하고 신기하기도 해서 웃음이 나왔다.

놀이 시작 전에 넘어지지 않도록 주의를 시켰는데도 에너지 넘치는 녀석들은 제어가 되지 않아 미끄러지기도 하고 우당탕 넘어지기도 하였다. 그러던 중 우진이 쪽에 수건이 떨어졌다. 금세 눈치 챈 우진이가 일어나더니 잰걸음으로 질주하기 시작했다. 그때 민석이가 빙글빙글 돌며 질주하는 우진이를 향해 걱정스러운 듯이 소리쳤다.

"우진아, 조심해! 다치면 어떻게 하려고! 다리도 아프면서."

순간 방금 내가 들은 말이 사실인지 귀를 의심할 수밖에 없었다. 혹시 다른 아이가 한 말을 민석이 목소리로 착각한 것은 아닌가 싶을 정도로 믿기지 않는 일이었다.

그도 그럴 것이 민석이는 우리 반 대표 말썽꾸러기다. 초등학교 때부터 중1이 될 때까지 늘 그런 꼬리표를 달고 살았다. 내가 2학년 담임을 맡았을 때도 여러 가지 일로 속을 태우기 일쑤였다.

민석이가 수업 시간을 방해하는 것은 흔한 일이었다. 친구를 다치게 해서 병원에 가게 한다거나 매일같이 지각이었고 다른 선생님께 대들어서 혼나기도 했다. 흡연 등 크고 작은 일로 선도 처리가 되거나 사회봉사 명령을 받기도 했고 학습 불량으로 걸려 교내 봉사만 수차례라 1년간의 전적을 셀 수 없을 정도다. 그로 인해 담임인 나는 거의 하루도 빠짐없이 민석이 뒤치다꺼리를 하면서 1년을 보냈다.

민석이를 보고 있으면 안쓰럽기도 했고 때로는 밉기도 했지만 언젠가 좋아지리라 믿으며 1년을 보냈다. 그렇게 나를 힘들게 했던 민석이가 다리가 아파서 불편했던 우진이를 걱정해 주었다. 다른 친구들도 노느라 미처 생각하지 못했던 것을 민석이가 살펴 준 것이었다.

"우리 민석이가 우진이 챙겨 주는 거야? 감동이다. 민석아!"

기특하다는 듯이 민석이를 칭찬하자 머쓱했는지 머리를 긁적이며 대답했다.

"우진이 또 다치면 안 되잖아요."

아이들도 그제야 우진이에게 조심하라며 당부했다. 우진이의 얼굴에도 민석이의 얼굴에도 수줍은 미소가 가득 번졌다.

매일같이 반복되는 민석이의 잘못에 너무 화가 난 나머지 큰 소리를 낼 때도 많았고, 손을 잡아 주며 어르고 달래기도 많이 했었다. 보는 선생님마다 민석이가 작년과는 달라졌다며 칭찬했지만 착하고 순한 우리 반 아이들 틈에서 늘 뾰족하게 튀어나온 민석이는 마음속의 불편한 한 점이었다. 그 한 점을 깨끗하게 지워 보려고 민석이만큼 감정의 널을 뛰면서 복잡하게 1년을 살았다.

그런데 친구를 걱정하는 민석이의 말을 듣는 순간 그동안 드러낼 수 없었던 내 상처들이 눈 녹듯 사라지는 것 같았다. 친구의 아픔을 생각하며 걱정해 줄 수 있는 마음이 있었다는 것이 무엇보다 나에게 큰 희망으로 느껴졌다.

우진이는 자기표현에 서툴고 말수가 적은 소심한 아이여서 친구들과 잘 지낼 수 있을까 걱정이 되는 아이 중 한 명이었다. 나중에 어

아이들을 변한다.
시간의 힘으로,
사랑의 힘으로,
관계의 힘으로!

머님께 들으니 어릴 때 다리 수술을 해서 뛰는 것 등 움직임이 조금 불편했고, 아직도 정기적으로 검진을 다닌다고 했다.

그런 우진이가 개학 첫날에 일일 반장을 하게 되면서부터 학급 일이라면 뭐든지 도와주는 적극성을 띄기 시작했다. 재잘재잘 말을 걸어오거나 싹싹하게 옆에 와서 애교를 떠는 일은 없었지만 학기 초보다 편안해진 얼굴이었다. 가끔 걸려 오는 우진이 어머님의 전화 목소리에서도 2학년 생활의 안정감을 느낄 수 있었다. 게다가 우진이는 예상과 달리 우리 반 단합 대회나 축구 대회든 어느 행사든지 빠지지 않고 열심히 참여했다. 그런 우진이의 적극적인 모습이 친구들에게도 좋은 감정을 갖게 해 주었다. 덕분에 우진이에게 닫혔던 아이들의 마음도 점점 긍정적으로 변해 갔고, 친구 관계가 더 돈독해졌다.

이렇게 학기 초부터 나의 걱정을 한껏 받아 왔던 두 아이의 변화된 모습을 단합 대회에서 마주하게 된 것이다. 그날 내 마음에 소용돌이 치는 감정은 무엇이었을까? 보람되었고 스스로에게 담임하길 잘했다고 칭찬해 주고 싶은 날이었다. 아이들은 변한다. 시간의 힘으로, 사랑의 힘으로, 관계의 힘으로!

이번 한 번만
봐주세요

　지영이는 부모님의 이혼으로 마음에 상처가 많은 아이였다. 중1 때부터 끝도 없는 방황의 늪에 빠져서 헤어나지 못했고, 조퇴와 결석을 밥먹듯 했다. 그나마 2학년이 되어서는 달라지려 노력 중이었다. 그래도 버티다 안 되는 날에는 간간이 조퇴를 시켜 달라고 하거나 수업 시간에 종일 엎드려 있을 때가 많았다.

　지영이가 또다시 조퇴를 시켜달라며 떼를 썼다.

　"선생님, 이번 한 번만 봐주세요."

　"안 돼, 너 잘 다니기로 약속했지? 선생님 자꾸 실망시킬 거야?"

　차가운 표정으로 약속을 상기시키며 단호하게 안 된다는 말만 되풀이할 뿐이었다. 그런데 갑자기 내뱉은 지영이의 말 한마디에 그만 할 말을 잃고 말았다.

　"선생님, 죄송한데요. 저 학교가 감옥 같아요."

감옥 같은 느낌은 어떤 것일까? 감히 상상도 해 보지 못한 슬픈 대답이었다. '아이가 학교에 있을 때마다 이런 마음이었겠구나. 그동안 얼마나 힘들었을까?' 생각이 여기까지 미치자 답답함과 미안함이 밀려왔다. 담임으로서 아이들에게 매일매일 최선을 다하고 있다고 믿었는데 지영이의 말을 듣는 순간 아직 멀었다는 생각이 들었다.

담임으로서의 역할을 다시 생각하게 된 것은 그때였다. 어쩌면 아이들은 내 앞에서 저렇게 웃고 있지만 마음속은 상처투성이였고, 단지 말로 표현하지 않았을 뿐 그 상처들과 싸우고 있다는 생각이 들었다.

내가 할 수 있는 일들을 차근차근 생각해 보기로 했다. 지금보다 더 노력해서 아이들을 살펴 줄 수 있는 일들이 필요했다. '아이들이 생각하는 즐거운 반, 재미있는 반 그리고 따뜻한 반으로 만들어주자!' 단합 대회나 행사 외에도 소소한 재미를 나누는 학급으로 만들어야겠다고 생각했다. 아이들이 더 웃을 수 있도록, 설령 감옥 같은 교실이라도 웃음꽃을 피울 수 있도록 말이다.

고민 끝에 가장 먼저 한 일은 창체 시간을 우리 반만의 즐거운 시간으로 만드는 일이었다. 편하게 수다 떨면서 긴장을 풀 수 있는 즐겁고 평화로운 회복의 시간으로 만들고 싶었다.

"선생님, 이번 창체 시간에 뭐해요?" 궁금하다는 듯 일제히 나를 쳐다보는 아이들을 향해 "우리, 오늘은 마니또 한번 할까? 재미있을 것 같은데."라며 제안했다. 마니또를 뽑고 한 달 동안 자신의 마니또에게 선물 증정 1회, 칭찬 쪽지 2회, 마지막으로 들키지 않기 등의 규칙을 세우고 흥미진진하게 게임을 진행하였다. 시작부터 어찌나 떠들썩한지 벌써 흥분해서는 입이 귀에 걸렸다. 한 달이 지나고 결말이 기대되는 시간이었다. 마니또를 밝히는 날 선물을 받지 못한 친구들은 마니또를 알게 되면 가만두지 않겠다고 벼르고 있었는데 서로의 정체를 알고는 눈을 흘기거나 실망하느라 다들 웃음보가 터졌다.

다음으로 시도한 것은 평화의 식탁[13]이었다. 빵을 한 보따리 사 와서 아이들과 나눠 먹으며 수다를 떨기도 했고, 아이스크림을 함께 먹으며 이야기를 나누기도 했다. 우리 반 녀석들과 제일 많이 나누었던 음식은 컵라면이었다. 근사한 음식도 아닌 겨우 컵라면을 나눠 먹으면서도 왜 그렇게 마음이 따뜻했었는지 모르겠다. 더 좋은 것을 사 주지 못해서 미안한 마음도 컸지만 아이들과 음식을 나누며 일상을 이야기하는 그 시간이 감사했다.

"선생님. 이거 엄청 맛있어요. 어디서 사셨어요? 더 먹어도 돼요?"
이렇게 작은 것 하나에도 좋아하고 감사할 줄 아는 우리 반 녀석들이 고마웠다. 소소하게 평화의 식탁 시간을 가진 덕분에 우리 반의 유대

---

13 영화 〈바베트의 만찬〉(가브리엘 엑셀 감독, 1996)에서 착안한 것으로 한 마을에 붙었던 증오와 미움의 가시들을 식탁의 음식을 통해 용서와 화해로 전환한 '바베트'라는 여인의 이야기를 모티브로 한다. 학급 구성원끼리 음식을 매개로 소통하며 마음을 나누는 신뢰서클의 한 형태이다. 정해진 시간과 공간, 형식에 구애받지 않고 진행할 수 있다. 출처: 회복적 생활교육 학급 운영 가이드북(피스빌딩, 2016)

감은 더 끈끈하게 이어졌다.

또 다른 특별 이벤트는 예상치 못하게 시작된 '종례 시간 놀이'였다. 어느 날 피곤해서 교무실에 우두커니 앉아 있었다. 종례 시간이라며 담임을 부르러 온 아이한테 "오늘 선생님 대신 종례 한번 해 봐라." 했었는데 그 뒤부터 어쩌다 보니 아이들의 종례 타임이 되어 버렸다. 중요한 종례 사항은 종이에 적어 주고 나머지는 자유롭게 말하도록 하고는 교탁 옆에 가만히 앉아 종례하는 아이들을 지켜보았다.

"자! 오늘 선생님 대신 내가 종례할게. 차 조심하고 숙제 열심히 하고 깨끗이 씻고. 알았지? 그리고 영주 너 pc방 가지 말고, 지각하지 말고! 알았지?" 아이들의 종례를 듣고 있으니 나도 모르게 웃음이 나왔

근사한 음식도 아닌
겨우 컵라면을
나눠 먹으면서도
왜 그렇게 마음이
따뜻했었는지 모르겠다

다. '내 속마음을 눈치 채기라도 했나? 어찌 저리 잘 알지?' 하며 감탄
할 정도였으니까.

"선생님 오늘은 제가 해 볼래요."라고 자원하는 친구들을 시키기
도 하고, 때로는 말썽꾸러기 녀석들을 시키기도 했다. 말수가 적은 녀
석들이라도 그냥 무작위로 보이는 대로 시켜 보았다. 발표 능력을 키
운다는 명목 아래 아이들 목소리도 듣는 일거양득의 시간이었다. 우
연히 시작된 종례 시간 놀이는 우리 반의 하루를 행복하게 마무리해
주는 즐거운 시간으로 자리 잡았다. 별것 없이 소소하면서 특별한 일
상이 우리 반에 행복한 웃음을 선사했다.

마지막으로 아이들이 좋아했던 것은 칭찬하기 활동이었다. 자신
이 착한 일을 하거나 남모르게 착한 일을 한 친구들을 발견하면 칭찬
그래프에 스티커를 붙여 주었는데 스티커를 받으려고 봉사하는 친구
들도 있는가 하면 남의 선행을 기꺼이 칭찬해 주는 친구들도 많아지
게 되었다. 이 활동은 자연스럽게 연말에 모범상 수상으로 이어지기
도 했다. 아이들이 사용하도록 화장지를 가져와 몰래 교탁 밑에 채워
놓는 성준이의 선행은 모두에게 감동을 주었다. 일상에서 아이들과
소소한 행복을 찾기 위해 지속해서 노력한 1년이었다. 담임 선생님과
함께하는 시간만이라도 행복할 수 있다면 그 힘으로 하루하루를 버텨
나갈 힘이 생길 것으로 기대했기 때문이다.

우리 반이 이렇게 크고 작은 일들을 하며 즐겁게 지내다 보니 어

느새 다른 반 아이들도 부러워하는 반이 되어 갔다. 무엇보다 반에서 겉도는 친구들도 어느새 함께 어울리며 서로 보살펴 주는 따뜻한 아이들로 변해 갔다. 더 놀라운 것은 아이들이 학급에서 즐거운 일이 될 만한 것들을 찾아내서 함께 즐길 줄도 알게 되었다는 것이다. 말하지 않아도 1년 동안 달력에 표시해 둔 생일을 보고 한 명도 빠짐없이 서로의 생일을 챙겨 주며 축하해 주었다. 칠판 가득 축하 편지도 쓰고 노래도 불러주면서…. 이젠 나 없이도 자기들끼리도 즐겁게 잘 놀 수 있는 능력들이 생겨서 기특하기까지 했다.

지영이 덕분에 마음까지 살필 줄 아는 교사가 되었다. 교사는 학습뿐만 아니라 아이들의 편안하고 안전한 환경을 위해 노력해야 한다는 것도 다시 한번 깨달았다. 가정에서 부모님이 그 역할을 한다면 학교에서는 담임 교사가 해야 한다. 학교에서만큼은 아이들의 엄마가 되려 한다. 엄마가 집에 있으면 발걸음을 재촉하는 것처럼 선생님과 친구들이 우리 반에 있어서 얼른 학교에 올 수 있도록 말이다.

지영이는 나를 비롯해 우리 반 아이들과 더 가까워지면서 학교를 빠지지 않기로 했던 약속을 지키려고 무던히도 애를 썼다. 학년을 마치는 날 나를 따뜻하게 안아 주었던 모습이 선하다. 그다음 해 무사히 졸업한 지영이가 얼마 전 전화를 걸어 왔다.

"선생님, 책상에 커피우유 두고 갈게요. 그리고 저 이제 학교 잘 다녀요. 걱정하지 마세요."

아이들에게 필요한 것은
따뜻한 한마디

아이들이 한껏 흥분한 상태로 이야기를 전했다.

"선생님, 우리 반이 학교 대표로 축구 리그 나간대요."

"무슨 소리야? 우리 반은 2등 했잖아."

"1등 한 반이 기권해서 우리가 나갈지도 모른대요."

학교 스포츠 리그에서 1등 했던 반이 학교 대표 출전을 포기하는 바람에 우리 반이 엉겁결에 학교 대표로 뽑히게 되었다. 갑작스럽게 정해진 출전에 당황했지만 우리 반 녀석들은 기꺼이 학급 대표로 뛰겠다고 의견을 모았다. 체육 선생님은 특별한 준비 없이 그저 출전하기만 하면 된다고 안심시켜 주었지만 걱정이 앞서는 것이 사실이었다.

학모님들께 축구 대회 준비물에 대한 문자를 보냈다. 그 후 날짜가 다가올수록 아무리 신경 쓰지 않으려고 해도 긴장되는 것은 어쩔 수 없었다. 다행히 학부모님들은 무척 협조적이었고, 아이들도 차분히 경기 준비를 하는 것 같아서 두려움이 조금씩 설렘으로 바뀌었다.

드디어 학교 대표 스포츠 리그전이 열리는 날이었다. 각 학교에서 모인 대표 선수들이 인근 학교에 모두 모여 대회를 치르기 위한 준비가 한창이었다. 우리 반도 선수로 출전하는 남학생들이 하나둘 모여들었고, 여학생들도 응원하기 위해 거의 참석해 주었다.

긴장감에 주변이 눈에 들어오지 않다가 경기 시작 전 조회대 앞에 모여 경기 유의 사항을 들으면서 그제야 주변이 보이기 시작했다. 아뿔싸! 경기에 참가한 선수들을 보고 있자니 들었던 것과는 달리 머리부터 발끝까지 준비된 모습이었다. 간편한 체육복 차림이면 된다고 들었는데 우리 반을 제외한 모든 팀이 유니폼을 갖춰 입은 게 아닌가!

우리 반 아이들의 모습을 다시 한번 유심히 살펴보았다. 학교 체육복에 단체 조끼만을 겨우 걸친 채 정렬해 있었다. 당연히 축구 유니폼을 입은 아이는 한 명도 없었고, 한두 명을 제외하고는 축구화조차 신지 않은 모습이었다. 그야말로 오합지졸 같은 초라한 행색이었다.

경기가 시작도 하기 전부터 알 수 없는 패배감에 빠져 경기를 보는 내내 마음이 불편했다. 그래도 흔쾌히 경기에 나가겠다고 의지를 불태운 아이들을 생각하며 마음을 가다듬고 응원을 하기 시작했다. '괜찮아 실력으로 대결하면 되지. 겉으로 보이는 게 전부가 아니야'라고 되뇌며 마음속으로 다짐하고 또 다짐했다.

경기가 시작되었다. 우리 반 아이들은 멋지게 차려입은 상대편을 의식하지 않은 채 축구화가 아닌 단화를 신고도 경기장을 신나게 달렸다. 이쪽저쪽 경기장을 누비며 숨이 차게 공을 막아 냈고 나름 선전했다. 속으로 이렇게만 하면 되겠다고 생각하는 순간 우리 편 골대로 공이 들어갔다. 그렇게 몇 골이 더 들어가면서 아이들은 전반전을 간신히 버텨 내고 있었다. 마치 동네 꼬마들이 프로 선수들과 한데 어울려 경기를 치르는 모습을 연상케 했다. 골은 그 후로도 계속 들어가 결국 3:0으로 전반전이 끝났다. 더는 경기에 대한 꿈을 꿀 수 없을 정도로 풀이 죽은 것은 아이들이 아니라 바로 나였다.

후반전의 시작을 알리는 호루라기가 울렸다. 아이들은 다시 한번 전의를 불태우며 경기장 곳곳을 열심히 뛰어 다녔지만 결국 6:0이란 패배로 장렬하게 전사하고 말았다. 우승까지는 아니어도 이런 점수 차로 질 거라고는 예상치 못했다. 속이 상하다 못해 창피함이 밀려들었다. 경기가 끝나고 나니 헛웃음도 나오지 않을 만큼 맥이 빠졌다. 아이들도 나도 입을 꾹 다문 채 한참 동안 아무 말 없이 서 있었다.

싸 온 김밥을 꾸역꾸역 입에 넣고 아이들은 내 눈치를 보았다. 그리고 힘없이 인사하고는 하나둘 자리를 떠났다. "그래, 오늘 고생했다. 푹 쉬어." 축 처진 어깨를 늘어뜨린 아이들의 뒷모습을 보며 그날 느꼈던 알 수 없는 감정은 오랫동안 나를 괴롭혔다.

사실 그날 이후 나를 착잡하게 했던 것은 아이들의 패배 때문이 아니라 교사답지 못한 나 자신 때문이었다. 아이들에게 성적은 그리 중요한 것이 아니라고 말하면서 어쩌면 항상 나의 교육 목표는 아이들의 좋은 성적이 아니었을까? 그래서 아이들이 처음 대면한 경기 환경을 보며 지레짐작으로 우승하지 못할 것을 예감했고, 경기 내내 열패감에 시달려 제대로 경기를 관전할 수도 없었다.

져도 괜찮으니 마음껏 달리라고 말해 주지 못해서 미안했고 실패 후에도 진심으로 괜찮다고 말해 주지 못한 것이 내내 걸렸다. 그 경기에서 중요한 것은 무엇이었을까? 등수에 들었다면 더할 나위 없이 기뻤겠지만 그렇지 않아도 내 아이들이라는 사실은 변함없는데 나는 왜 선생답지 못한 선생이었을까?

축구화 하나 제대로 갖춰 신지 않았어도 나는 우리 반 녀석들이 더 좋았다. 그 큰 운동장을 뛰는 내내 불평 없이 전력을 다하는 우리 반 녀석들이 기특했다. 얼굴에 맞지도 않는 고글을 연신 올리며 경기에 임하는 우리 반 녀석들이 참 고마웠다. 내가 아이들을 이런 마음으로 응원하고 있다는 것을, 항상 자신의 위치에서 최선을 다하는 아이들을 온 마음으로 사랑하고 있다는 것을 그때 더 많이 표현했더라면 얼마나 좋았을까? 이런 마음들을 뒤로 한 채 아이들의 겉모습, 경기의 승패에만 몰두해서 아이들을 제대로 보지 못했던 시간이 미안해졌다.

앞으로 아이들이 이러한 경기에 또 한 번 임하게 되었을 때 아이들은 다시 도전하게 될까? 포기하게 될까? 나는 아이들을 어떤 사람이 되도록 지도하는 교사여야 할까? 가치 있는 삶이 어떤 것인지 어떻게 가르쳐 주어야 할까?

다음날 학교에 돌아와서 아이들을 마주하게 되었을 때 우리는 그날 일에 대해 별달리 어떤 말도 하지 않았다. 하지만 이제 알겠다. 최

온 마을으로
사랑하고 있다는 것을
그때 더 많이 표현했더라면
얼마나 좋았을까?

선을 다했던 아이들에게 필요했던 것은 어쩌면 우승컵이 아니라 진심으로 아이들을 격려하고 위로하는 선생님의 따뜻한 한마디였다는 것을, 자신이 가치 있다고 생각하는 일에 최선과 열정을 다하고 훌륭하게 도전했다면 그것이 비록 실패했더라도 충분히 아름다웠다고 격려해 주어야 한다는 것을.

내가 교사로서 할 일은 도전하는 아이들을 위해 손뼉 쳐 주고 응원해 주는 것이었다. 이날 이후로 나는 똑같은 시행착오로 인해 아이들이 길을 잃게 하지는 않을 것이라고 다짐했다.

우리 반 1등 성적표

학년 말이 되자 반별 합창 발표 대회를 준비하느라 반별로 열기가 대단했다. 우리 반도 마찬가지였다. "얘들아, 우리 박자 좀 맞춰 보자." 반장의 지시에 따라 아이들이 열심히 춤 연습을 하고 있었다.

어느새 코앞으로 다가온 발표회 때문에 아이들은 수업 시간에도 연습하는 일이 잦아진 건 물론이고 다른 반을 견제하며 비밀을 유지하느라 신경을 곤두세우기 일쑤였다.

다른 반은 어떤가 싶어 가 보니 어떤 반은 거의 싸우느라 시간을 보냈고, 어떤 반은 시큰둥한 태도로 연습을 소홀히 하는 경우도 적잖이 있었다. 그에 반해 우리 반은 충돌 없이 순조롭게 진행되는 눈치였다. 우리 반에 들어갔던 선생님마다 "1반 녀석들 정말 열심히 연습하더라."라고 말씀해 주신 덕분에 나는 마음을 푹 놓고 있었다.

역시나 반장은 노래 선곡부터 개사, 안무 연습에 이르기까지 학급 아이들과 상의하며 평화롭게 이견을 조율하였고, 아이들은 반장의 지휘 하에 한 명도 빠짐없이 참여했다. 그동안 함께 쌓아 왔던 우정과 신뢰가 좋은 분위기로 나타나고 있는 것 같아 담임으로서 흐뭇한 마음이 들었다.

그러던 어느 날 내 수업 시간을 빌려 연습하는 아이들을 지켜보다가 그만 깜짝 놀라고 말았다. 내성적인 남자아이들이 신나게 춤을 추는 건 물론이고 환하게 웃기까지 하면서 열심히 하는 것이 아닌가! 특히나 석현이는 무대의 맨 앞에서 주인공의 역할을 하면서 무대를 이끌어 가고 있었다.

석현이는 수줍음이 많아서 내가 장난을 걸어도 부끄러워하며 웃기만 하는 아이였다. 그런 아이가 열정적으로 춤추고 노래하는 모습을 보니 낯설기도 했고, 그동안 내가 아이들을 한참 모르고 있었다는

아이들의 연습 과정을
지켜보면서
내 마음속의 1등은
이미 우리 반이었다

생각마저 들었다. 발표회 준비 덕분에 아이들의 새로운 모습과 단합의 과정을 잘 볼 수 있었던 고마운 시간이었다.

드디어 발표회 날이 되었고 우리 반은 첫 번째로 무대에 올라갔다. 맨 뒤에서 카메라를 들고 지켜보는 내가 더 떨리고 긴장되는 순간이었다. 음악이 나오자마자 아이들은 그동안 연습한 대로 자신 있게 춤을 추기 시작했다. 신나게 끼를 발산하는 모습을 보니 내심 걱정했던 마음도 사라지고 대견함에 입가에 미소가 절로 지어졌다.

그러다 갑자기 아이들의 노랫소리가 제대로 들리지 않는다는 사실을 깨달았다. 음악 소리만 귓가를 때릴 뿐 아이들이 개사했던 내용은 거의 들리지 않아 마치 립싱크하는 가수처럼 보였다. 기대감으로 차올랐던 분위기도 어느새 아쉬움으로 바뀌었고 내 마음도 함께 불안해졌다. 얼마나 아쉽고 안타깝던지 탄성을 뱉어 내다 하마터면 울음을 터뜨릴 뻔했다.

하지만 아이들은 달랐다. 무대가 끝난 뒤 서로 잘했다며 응원하고 행복해했다. 속상함에 자리를 떠날 만도 한데 발표회 시간 동안 누구도 자리를 떠나지 않고 다른 반의 무대를 집중해서 봐 주었고 손뼉 쳐 주었다. 그렇게 축제를 끝까지 제대로 즐길 줄 아는 녀석들이었다. 창피하지만 나는 그날도 아이들보다 하수였다.

축제의 마지막인 심사 발표가 있었다. 우려와 달리 우리 반은 이날 발표회에서 당당히 1등을 차지했다. 서로의 얼굴을 보며 믿을 수 없다는 듯이 놀란 얼굴로 펄쩍펄쩍 뛰며 기뻐하였다. 발표 당일 부족한 부분이 드러나긴 했지만 아이들의 연습 과정을 지켜보면서 내 마음속의 1등은 이미 우리 반이었다. 결과를 떠나서 발표회를 준비하는 과정에서 보여준 아이들의 아름다운 모습이 큰 감동을 주었기 때문이다.

우리 반 아이들이 이날 받은 1등 성적표는 아이들이 1년간 우리 반에서 생활해 온 성적표이기도 했다.

말썽꾸러기 아이 품어 주기
소심하고 수줍은 아이 챙겨 주기
노는 아이 함께 모범생으로 만들어 주기
욕하는 아이 바른길로 인도해 주기
잘하는 아이 더 칭찬해 주기
친구 없는 아이 친구 되어 주기
공부 못 하는 아이 가르쳐 주기
내가 잘할 수 있는 일 책임감 있게 해내기
놀 때도 최선을 다하기
선생님들께 따뜻한 마음으로 다가가기
담임 선생님의 작은 선물에도 감사하기
선생님 적극적으로 도와주기
공부는 못해도 바른 자세로 수업하기
체육대회, 발표회, 학급 행사 적극적으로 참여하기 등

1년 동안 서로를 품어 주면서 마음이 한 뼘이나 자란 것을 느낄 수 있었던 성적표였다. 학기 초에 각자 자신만을 보호하기 위해 안절부절 했던 아이들이 점점 자신을 표현하고, 타인을 이해하고 존중하면서 마음이 넓은 사람으로 성장할 수 있게 된 것이다.

우리 반의 성적은 그야말로 '참 잘했어요!'였다. 그렇기에 1등 성적표를 받기에 충분히 훌륭했다고 말해 주고 싶었다.

학생인권조례

2010년 10월 5일에 경기도 〈학생인권조례〉가 제정되었다. 학생인권조례가 공포되면서 김상곤 교육감은 가정·학교·사회 그리고 국가는 학생이 즐거운 학교, 행복한 교실에서 인간다운 삶을 살아갈 수 있도록 여건과 환경을 조성해야 한다고 강조했다. 이에 따라 학교에서는 여러 가지 새로운 학교 문화가 조성되었다.

먼저 학생들의 요구를 바탕으로 2014년 2학기부터 초중고 전체에서 현재까지 '9시 등교'가 시행되고 있다. 가족과 함께하는 아침 식사로 건강 증진과 함께 화목한 가족 문화를 형성하는 바탕이 된다고 보았다. 또한 청소년기의 신체적 특성에 맞는 적절한 수면과 휴식, 과중한 학습 부담을 경감하여 학습의 효율성을 제고한다는 목적이 있다.

다음으로 2015년 혁신학교 운영 원리인 윤리적 생활공동체의 존중과 배려의 문화 안착을 위한 실천 운동으로 전개된 '아침맞이'가 있다. 등교 시 학교와 학급에서 따뜻한 인사와 대화로 아이들을 맞이하는 한편 거리 연주회, 아침 식사 제공, 프리허그와 같은 행사를 진행한다. 이전의 두발 및 복장 감시, 딱딱한 분위기의 선도에서 벗어나 학생을 중심에 두는 교육다운 모습으로 자리 잡고 있다.

생활 지도는 '생활 교육'으로 패러다임을 전환하고 회복적 생활 교육을 중심으로 일상의 평화를 실천하는 과정을 거치도록 하였다. 학교 현장의 회복적 생활 교육은 2017년 이후 존중과 배려의 가치를 공유하고 실천하는 생활공동체로서 '평화로운 학급공동체'를 만들어가는 노력으로 이어졌다. 또한 학교 폭력 문제의 해결에 있어서도 기존의 엄벌주의적 접근을 지양하고 교육청 기능을 강화하여 학생 생활 교육의 심리적 회복과 적응을 돕고 있다.

마지막으로 '상벌점제 폐지'로 지금까지 학교에서 이뤄져 왔던 상벌점 중심의 응보적 생활 지도는 관계 회복 중심의 회복적 생활 교육으로 바뀌었다.

———— 출처 : 경기혁신교육 10년(2019.12. 경기도교육청)

민주시민교육 실천의 제도적 장치

2015년 경기도교육청은 민주시민교육을 활성화하기 위해 〈학교민주시민교육 진흥조례〉를 제정했다. 아울러 민주시민교육 운영의 내실화를 위해 『더불어 사는 민주시민』 교과서를 보급하고 활용을 지원하는 등의 '교육과정 연계 수업 나눔'을 진행했다. 단위학교별 민주시민교육 교육과정 편성·운영 활용을 지원했고, 수업 지원 및 나눔, 수업 자료 개발 및 보급, 토론교실 지원, 학생 토론 동아리 등을 연계하여 운영했다.

2019년부터는 초중고 36개교를 선정하여 민주시민성을 지향하는 〈민주시민교육 실천학교〉를 운영하고 있다. 말 그대로 학교교육과정에서 민주시민교육을 강화하고, 민주적인 학교 문화 조성을 위해 학생들의 삶 속에서 민주주의를 실천하는 학교이다. 또 다른 혁신학교의 이름이기도 하다.

민주시민교육 실천학교의 운영은 혁신학교의 운영 원리인 민주적 학교 운영 체제와 윤리적 생활공동체를 바탕으로 민주적 의사결정과정의 제도화 등 민주적 학교 문화 정착을 위해 노력한다. 또한 창의적 교육과정을 운영하여 민주시민교육을 실천한다. 교육과정에서는 민주주의 가치를 반영한 학교 비전 및 학생 상을 수립하고, 민주시민교육 교육과정을 운영하며 배움의 과정에서 민주주의 가치를 실천한다.

학교 문화 민주주의에서는 학교 구성원 간의 존중을 바탕으로 참여와 소통을 활성화하고 민주적 의사결정과정 시스템을 강화하며 학교 민주주의 지수 활용으로 자체 진단 및 대안을 마련한다. 이 외에 교육과정·인사·재정 등에서 학교자치 원리를 적용하여 실천한다. 마지막으로 교육과정과 연계한 체험중심 민주시민교육을 실천하고, 학생 주도적 사회 참여 활동으로 민주주의를 경험케 하며 학생이 주도하는 공간의 민주성 프로젝트를 운영한다.

──────── 출처 : 경기혁신교육 10년(2019.12. 경기도교육청)

학교자치
운영

학교자치란 단위학교가 구성원 간의 동반자적 협력 관계와 민주적 소통을 바탕으로 학교교육 운영에 관한 권한을 갖고, 교육 주체로서 학교교육활동(교육과정, 인사, 재정)에 참여하여 그 결과에 대해 함께 책임지며 성장하는 것이다. 학교 민주주의를 구현하기 위한 혁신교육의 다양한 노력은 학교자치로 이어졌으며 단위학교의 자치는 결국 규정을 마련하여 추진되고 있다.

경기도 학교자치조례는 학생, 학부모, 교직원들에게 학교 운영에 참여할 수 있는 권리를 보장함으로써 학교자치공동체 실현을 위한 민주적 학교 문화 조성을 목적으로 한다. 학교장은 민주적인 학교 문화 조성을 위하여 학교의 운영 과정에서 학생, 학부모, 교직원이 학교의 의사 결정에 참여하도록 보장하는 것을 법으로 정해 둔다. 교사가 교육의 내용이나 방법, 평가 등에 관하여 법령의 범위에서 판단하고 결정한 사항에 대해 존중하며, 학생이 학교 운영 등에 다양한 의견을 제시할 수 있도록 권리를 보장하여 학생자치에 이르는 노력을 해야 한다는 내용을 담고 있다.

학교자치를 구현하기 위해 학생과 학부모 및 교직원이 소속된 각각의 총회에서 의견이 제안되고 학생자치회, 교직원회, 학부모회라는 대의제 방식의 기구를 통해 안건으로 구체화한다. 이는 최종 의결 기구인 학교운영위원회에서 결정되어 추진된다. 교육공동체의 제안과 평가는 일상적으로 이루어지는 것이어야 하며 총회나 대의제 기구의 단계별 의견 수렴이 지속적으로 이루어져야 학교자치가 제도적으로 구현될 수 있다.

출처 : 경기혁신교육 3.0 한걸음더, 경기혁신교육 정책이해

수업 혁신의
목적

수업 혁신은 수업을 바꾸기 위해 교육시스템을 근본적으로 바꾸는 것으로 2010년 이후 경기 혁신교육의 방향과 지향점을 나타냈다. 수업 혁신 과제로 창의적 교육과정 설계, 배움 중심의 교수학습방법 개선, 소통과 협력의 수업 열기, 평가 방법 혁신, 교원 역량 혁신을 설정하고 획일적인 교육과정 설계에서 특성화된 창의적 교육과정 설계로 교사 위주의 일제식 수업에서 배움 중심수업으로의 전환, 단순 암기 선다형 위주의 평가에서 서술형, 논술형, 과정 중심 평가 확대, 공급자 중심의 교사 연수에서 수요자 중심의 맞춤형 선택형 교사 연수를 시행하였다.

수업 혁신의 목적은 '교육과정 혁신'으로 이어지는 것으로 수업의 내용과 방법을 개선하여 진정한 배움중심 수업으로 창의적 지성을 함양하는 것이다. 그리고 학교 교육의 시스템 변화를 이런 수업 혁신으로 전환하기 위해 경기도만의 교육과정이 필요했고 이러한 배경 때문에 2012년에 경기도 교육과정을 고시하였다.

최근 논의되고 있는 2020 경기도 교육과정은 행복한 배움과 성장을 통한 인간의 존엄성 확장을 추구한다. 모든 학생은 제각기 특별하며 지지받아야 하기에 모든 학생의 존엄의 동등성을 보장하고, 개별학생이 지닌 성장 가능성과 잠재성의 발현을 목적으로 두고 있다. 이러한 교육과정은 학교 및 교사의 다양하고 자율적인 교육과정 편성, 운영을 존중한다. 또한 학생이 배움의 주체가 되어 삶의 역량을 기르도록 학교와 교사가 실제적인 교육과정을 개발하게 하는 것에 의의가 있다.

출처 : 경기혁신교육 정책 이해(2020.12. 경기도교육청)

PART 3

수업에서
빛나는
너희들을 만나다

꼭 ㄷ자 형태로 책상을
바꿔야 하나요?

교직원 연수가 시작되는 날이었다. 회의장은 모인 선생님들로 자리가 한껏 떠들썩했다.

"꼭 ㄷ자 형태로 책상을 바꿔야 하나요?"

"네. 그렇게 배치해야 합니다. 그래야 학생 중심으로 수업할 수 있습니다."

혁신부장은 계속되는 질문에 피로감이 밀려오는지 다소 강한 어조로 대답했다. 그러자 여기저기서 선생님들의 불만이 터져 나왔다.

"애들이 엄청나게 불편해 하던데 왜 해야 하는지 모르겠어요."

"맞아요. 애들 서로 보면서 떠들기나 하고요. 어휴."

교직 생활을 하는 동안 ㄷ자 형태의 책상 배열[14]로 아이들을 앉히고 수업을 해 본 적이 없었다. 그런 형태를 강요받아 본 적도 없었으며 그렇게 해야 할 필요성도 느끼지 못했었다. 혁신학교로 옮기면서 갑자기 들이닥친 여러 가지 변화에 어떻게 할지 몰라 갈팡질팡했다. 생각만 해도 두려움과 피로감이 몰려오는 동시에 나도 모르게 반감이 생겼다. '아니, 혁신학교라면서 왜 개인의 뜻도 안 받아들여 주는 거야. 하라면 해야 하는 건가? 선생님들의 의사를 반영해서 시스템을 바꿔야 하는 거 아냐? 혁신학교는 무조건 ㄷ자 형태로 앉아서 수업해야 한다고? 그게 어디에 쓰여 있는데? 쓰여 있다 해도 왜 꼭 다 같이 그렇게 따라가야 하는 거지?' 마음속에 수많은 의문과 불만이 쌓였지만 나 역시 학교 방침에 따를 수밖에 없었다. 그날따라 유난히 긴 복도를 터벅터벅 지나 교실에 들어섰다.

"똑똑! 사랑합니다."

노크하고 반에 들어섰다. 역시나 들어가는 반마다 아이들이 ㄷ자 형태로 빙 둘러앉아 있었다. 눈을 동그랗게 뜨고 나만 바라보는 아이들 탓에 더 긴장되었다. ㄷ자 교실 중간에 나 혼자 서 있자니 엄청난 부담감이 밀려왔다. 다시 교탁으로 돌아가 한참을 서 있었다. 담임 시간에 하는 서클을 제외하고 이런 책상 배치에서 하는 첫 수업이라 머릿속이 순간 멍해졌다. 늘 있었던 교실인데도 어색했고 늘 해 오던 수업인데도 똑같이 하면 안 될 것 같았다.

---

14 혁신학교 수업에서는 주로 'ㄷ자 형태의 책상 배치'를 사용한다. 지식 전달 위주의 강의식 수업에서 벗어나 학생들의 창의성과 문제해결력 등을 향상하기 위한 토론, 토의학습 등 자유로운 의사 전달이 가능한 책상 배치이다. 배움 중심수업의 목적으로 사용되고 있으며 이를 통해 교사는 지식 전달자에서 벗어나 학생들을 배움으로 이끌어 주는 안내자의 역할을 하게 되며, 학생은 자신의 의사를 자유롭게 표현하고 배움을 탐구해 갈 수 있다.

"선생님, 첫 시간이니까 돌아가면서 자기소개하면 안 되나요?"

내심 다행이라고 생각했다.

"그래, 우리 돌아가면서 자기소개하자. 다른 사람 이야기할 땐 잘 들어주는 거다."

아이들은 친구들의 얼굴과 선생님의 얼굴을 번갈아 보면서 말을 이어 갔다. 그전보다 아이들 한 명 한 명의 목소리와 얼굴이 눈에 더욱 잘 들어왔다. 그날 이후 수업 시간에 아이들과 자연스럽게 소통할 수 있게 되었고 딱딱했던 공부 시간이 금세 부드러워졌다.

처음 ㄷ자 배치로 수업할 때만 해도 아이들은 저마다 하소연을 하느라 바빴다.

"애들이 너무 시끄러워서 집중이 안 돼요."

"선생님! 남자애들이 자꾸 킥킥 웃어요. 혼내 주세요."

"영상 볼 때 자리 바꾸면 안 돼요? 목 아파요."

"친구가 자꾸 알려 달라고 해서 짜증나요."

"옆에서 자꾸 제 것을 보고 해요."

"옆 친구 깨우느라고 힘들어요."

하지만 불평했던 아이들은 어느새 친구들과 어울려 지내고 있었다. 또한 공간의 작은 변화에도 조금씩 표정이 달라졌다. 토론수업을 얼마나 한다고 ㄷ자로 앉느냐며 불평하는 사람도 있었다. 하지만 아이들의 모습을 지켜보면서 단순히 자리 형태만으로도 아이들의 태도가 변할 수 있다는 것을 알았다. 선생님에게만 쏠렸던 시선을 친구들과 공평하게 나누어 가졌고, 조용했던 교실은 언제나 수다로 가득 찼다. 그러니 꼭 토론수업이 꼭 아니면 어떤가? 어쩌면 아이들은 집에 가서 친구들 이야기와 수업 이야기를 더 많이 하게 되는지도 모른다. 거기까지 생각이 미치자 ㄷ자 형태로 앉아 있는 교실의 공기가 더 편안하게 느껴졌다.

몇 달을 지내고 보니 모든 수업을 ㄷ자 형태로 앉는 것에는 무리가 있었다. 결국 탄력적으로 배치를 변형하기로 했다. 토론이 필요할 때는 기꺼이 ㄷ자 형태로 앉아 수업을 진행했지만 모둠활동이 필요하면 배치를 변형시켰다. 다만 시험 때를 제외하고는 일자 배열의 형태는 하지 않는 것이 원칙이었다. 아이들은 언제든지 책상만 돌리면 다른 형태의 수업은 물론, 전혀 다른 세상을 만날 수 있었다. 친구들과 자

교실이라는 공간에서
책상의 배치는
무엇을 의미할까?

유롭게 소통할 수 있었고 선생님과 더욱 가까워졌다.

　　교실이라는 공간에서 책상의 배치는 무엇을 의미할까? 초중고 및 대학교를 졸업할 때까지 선생님을 바라보며 앉아 본 기억밖에 없다. 수업 시간에는 떠들기는커녕 바른 자세로 앞만 보고 앉아 있어야 했다. 늘 긴장의 연속이었고 발표할 때는 몇 번이고 속으로 연습해야 한마디 할 수 있을 정도였다. 우리 세대가 겪었던 수업 시간은 늘 그랬다. 지식을 주입하느라 정신이 없었고 오직 성적을 올리기 위해 나만의 책상에 앉아 철저히 혼자 견뎌야 하는 고달픔의 시간이었다.

　　만약 지금 아이들처럼 이렇게 소통하는 교실 속에서 자랐다면 난 어떤 사람이 되어 있을까? 갑자기 지금 아이들이 부러워졌다. 사실 혁신교육의 방식이라고 무조건 해야 한다는 것들을 보면 의문이 들 때도 많았다. 하지만 이번 시도를 통해 새롭게 깨달았다. 새로운 것에 대해 무조건 거부하고 저항하는 마음이 어쩌면 아이들에게 더 큰 세상을 볼 수 없게 만드는 장벽이 될 수도 있음을 말이다.

　　교실 수업에 변화를 주고 싶다면 일단 ㄷ자 책상 배치나 모둠형 책상 배치로 바꿔 보자! 나는 그 시도를 통해 더 열심히 수업 연구를 하기 시작했고, 수업 시간이면 아이들의 따뜻한 수다를 만날 수 있었다. 아이들이 수업에서 행복과 성장을 경험하기 위해 우리에게 필요한 것은 두려움보다는 용기이며 '해 보자는 마음'이면 충분하다.

한 사람도 포기하지 않는다는 것!

어느 학교를 가든지 문제 학생은 있기 마련이다. 우리 학교에도 선생님들이 혀를 내두르게 하는 학생이 한 명 있었다. 선생님들은 하나같이 그 녀석 때문에 수업이 너무 힘들다며 하소연을 했다. 하필 그날에는 나도 5반 수업이 있었다. 복도를 지나 5반 앞에 도착하니 벌써 준수가 나와 있었다. 녀석은 바지 주머니에 손을 꽂아 넣은 채로 능청스럽게 입을 열었다.

"선생님, 저 화장실 다녀올게요."

"알았어. 빨리 다녀와. 3분이다."

늘 그랬던 것처럼 못 이기는 척 허락하고 말았다. 준수는 수업종이 울리면 늘 화장실에 간다며 복도에 나와서 떼를 쓰기 시작했다. 안 된다고 하면 들어갔다가 5분 간격으로 다시 물으며 선생님들을 괴롭혔다. 그날도 어김없이 떼를 쓰기에 마지못해 허락해 준 참이었다.

한창 수업이 진행되고 있는데 준수가 들어오더니 끝도 없이 자기가 하고 싶은 말을 늘어놓기 시작했다.

"선생님! 집은 어디세요? 저 그 동네 가봤는데. 거기에 있는 학교 있잖아요."

친구들 얼굴은 점점 일그러졌고 급기야 준수와 사이가 좋지 않은 여학생이 그만하라며 소리를 지르고 말았다. 일단 아이들을 진정시키고 준수를 향해 말했다.

"준수야, 수업 잘 들으면 선생님이 다음에 또 알려 줄게." 다행히 준수는 금세 고분고분해졌다.

하지만 매번 준수의 행동은 변함이 없었다. 기분이 좋을 때는 상대하기 힘들지 않았지만 지치고 피곤한 날에는 짜증이 나고는 했다. 그래도 이 녀석은 수업 시간이 시작되기 전 내 준비물 가방을 들어다 준 적도 있었고 열심히도 안 하면서 "오늘 수업 뭐해요?"라며 수업에 관해 관심을 보이기도 했다. 덕분에 그런 그 녀석이 그리 밉지 않았다. 매번 하는 그 행동들도 그러려니 하면서 조금씩 참을 만해졌다.

신규 교사 때보다는 화가 적어졌고 기다릴 줄도 알게 되었으니 나이 드는 것도 좋다 싶었다. 하지만 가끔 '이 녀석의 정체는 무엇일까?' 궁금해지기도 했다. 내가 본 것과는 다르게 담임 선생님께는 더 못되게 굴기도 했고, 남자 선생님들한테는 심하게 대들기도 했기 때문이다.

몇 달의 시간이 흐른 어느 날이었다. 모둠활동수업을 준비하고 있었다. 아이들은 준수와 같은 모둠을 하기 싫다며 여과 없이 감정을 드러냈다. 그런데 그날따라 준수의 모습이 조금 달랐다. 무슨 일이 있나 싶을 정도로 수업에 집중하는 것이 아닌가! 아니나 다를까 준수네 모둠은 준수가 열심히 참여한 덕분에 처음으로 1등을 했다.

친구들도 그런 준수의 갑작스러운 변화에 놀라는 눈치였다. 모처럼 준수 얼굴에 생기가 돌았고 그날따라 화장실에 가겠다며 떼를 쓰지도 않았다. 이런 날도 있구나 싶어 얼떨떨해 하며 준수를 한참 동안 쳐다봤다. 준수의 변화된 모습을 보며 내 마음이 희망으로 부풀어 올랐다.

교무실에 와서 준수의 담임 선생님을 만나 수업 때 있었던 일을 신이 나서 이야기하자 수심이 가득한 얼굴로 뜻밖의 이야기를 하셨다.

"준수가 계속 과격해지고 산만해져서 부모님과 상의하고 ADHD 약을 다시 먹기로 했어요."

"그랬군요. 요즘 좋아지고 있었는데… 그 약 먹으면 기운이 하나도 없다던데 괜찮을까요?"

자리로 돌아오고 한동안 멍하니 앉아 있었다.

'이 녀석 이제 좀 좋아지려고 하는데, 휴우.'

며칠 후 다시 5반 수업에 들어갔다. 교실 앞에 갔는데도 준수가 보이지 않았다. 수업이 시작되었고 아이들 모두 조용히 수업에 집중했다. 개별과제를 내 주고 교실을 한 바퀴 돌아 준수한테로 갔다. 산만하긴 했어도 수업 중에 한 번도 엎드리지 않는 아이였는데 책상에 엎드린 채 내가 온 지도 모르고 자고 있었다.

아이들에게 "준수 언제부터 이렇게 누워있는 거야?"라고 물으니 "쉬는 시간부터 누워있던데요."라며 다소 무관심한 듯한 대답이 돌아왔다. 조심스럽게 준수를 흔들었다. "네, 선생님." 준수는 힘없이 대답하고는 다시 잠 속으로 빠져들었다.

약 기운에 정신을 차리지 못하고 잠만 자는 모습을 보고 있자니 갑자기 눈물이 핑 돌았다. 준수 어깨에 손을 올리고 그렇게 한참을 멍하니 서 있었다.

경기교육에서는 '한 명도 포기하지 않는 교육'을 슬로건으로 내걸고 배려학생과 함께 가는 따뜻한 교육을 지향한다. 어쩌면 한 명도 포기하지 않는 교육은 그 아이의 속도와 상황에 맞추어 기다려 주는 시간 싸움일지도 모른다. 하지만 공교육 안에서 얼마나 기다려 줄 수 있을까? 몸이 아픈 아이, 마음이 아픈 아이, 공부의 속도가 느려서 따라오지 못하는 아이……. 모두 다 온전히 같이 갈 수는 있는 것일까?

나뿐만 아니라 모든 교사가 배려학생들이 보통의 걸음으로 다른 아이들과 나란히 걸을 때까지 기다리는 교육을 하고 싶다. 그러나 언제나 현실의 장벽 앞에서 우리는 여지없이 무너지고 만다.

혁신학교라고 해도 학급 인원수[15]는 한 반에 30명, 그 외 학교는 그것보다 훨씬 많은 인원의 아이들과 선생님이 씨름하고 있다. 교사가 아이들 한 명 한 명을 살피기에는 너무도 많은 인원이고, 여력 또한 없다. 게다가 그 속에 섞여 있는 배려학생까지 신경 쓰기란 쉽지 않다.

배려학생 한 명을 데리고 가기 위해 여러 명이 희생해야 하는 경우도 허다하고, 그 때문에 벌어지는 갈등과 불만도 감수해야 하는 것이 지금 교육 현장의 모습이다. 이러한 현실 속에서 과연 교사들은 한 명한 명 모두를 챙기며 함께 가는 교육을 할 수 있을까?

우리는 어쩌면 불편한 한 명의 아이 때문에 다른 아이들이 피해를 보는 것에 더 전전긍긍하면서 이상과는 다른 생각으로 교육하고 있는 것은 아닌지 모르겠다. '다수를 위해 한 명을 포기하고 희생하는 게 더 공평하지 않을까? 배려학생 한 명이 잠잠해져야 교실의 평화가 찾아오는데 모른 척할까?' 하루에도 열두 번 현실 속에서 좌절하고 후회하면서 또 희망을 쫓아간다. 이렇게 아이들 모두 다 소중한 존재이지만 다 함께 같은 속도로 가는 것은 참으로 힘들고 어렵게만 느껴진다.

하지만 오늘도 현실과 이상 사이에서 '한 학생이라도 포기하지 않는 교육'을 실현하기 위해 수많은 교사가 고군분투하고 있다. 그것이 설령 지금은 교육적 이상일지라도 현장에서 작은 발걸음을 옮기는 선생님들이 있는 한, 그 아이에게는 교실이 더없이 존중받는 공간이 될 것을 믿는다.

---

15 혁신학교는 초·중등교육법 시행령 105조(자율학교)에 의해 학급 인원수가 25~30명으로 되어 있다. 대도시의 경우 30명에 가까운 학급 인원이 배정되기 때문에 일반 학교와 차이점을 찾기 힘든 실정이다. 학생들의 개별학습과 성장평가를 끌어내기 위해서는 학급 인원수의 조정은 필수 불가결한 요소이며 학생들의 학습권을 회복하고 질 높은 혁신교육을 하기 위해 혁신학교를 양적으로만 늘릴 것이 아니라 질적으로 좋은 교육을 받을 수 있도록 학급 인원수 문제를 개선하는 것이 우선이다.

수업 규칙을
존중의 약속으로 바꾸다

　새 학기가 되면 수업 선포식을 하곤 한다. "지금부터 1년 동안 우리가 잘 지내기 위해 선생님이 말하는 거 공책에 적도록 해." 조금은 단호한 말투와 다소 굳은 표정으로 말하자 마자 아이들에게 긴장감이 돌았다.

　우리 반이 지켜야 할 수업 규칙들은 그리 거창하지는 않다. '수업 종 치면 즉시 앉기, 떠들지 않기, 자기 숙제는 스스로 하기, 욕하지 않기, 발표 잘하기, 부정의 단어 쓰지 않기, 약속을 어길 시 깜지 쓰기' 이렇게 7가지 규칙이다.

　"선생님, 이거 안 지키면 어떻게 돼요?"

　"당연히 깜지 써야지. 잘못해서 깜지 쓰느라 집에 못 가기 전에 약속 모두 지킬 것!"

　"네!" 아이들은 항복이라도 한 듯이 조용히 수업 규칙을 적어 내려

갔다.

아이들은 모범생이 되기 위해, 혹은 벌을 받지 않기 위해 규칙을 따르곤 했다. 이런 식의 새 학기 첫 수업 진행은 교직 생활을 하는 내내 오랫동안 계속되었고, 첫날 잘 다져진 수업 규칙 덕분에 모두가 평화로운 교실에서 공부할 수 있었다. 아니 어쩌면 규칙을 잘 세워 순조롭게 진행되는 수업을 자랑으로 여기며 살아왔는지도 모르겠다.

그런데 어느 순간 그런 수업 규칙에 불만이 생긴 건 아이들이 아니라 오히려 나였다. 혁신학교에서 존중하는 교실 문화를 만들기 위해 서클을 진행하고 아이들이 마음속 이야기를 할 수 있도록 하는 일을 몇 년째 해 왔다. 그동안 담임 교사뿐만 아니라 외부 강사까지 불러와 평화로운 교실 만들기에 심혈을 기울였었다. 그런데 정작 담당자인 내가 비민주적인 규칙을 고집하고 있었으니, 불편한 마음이 드는 것은 당연지사였다.

오랜 시간 굳어진 수업 규칙은 과연 누구를 위한 것이었을까? 내가 편하게 수업을 운영하고자 만든 시스템은 아니었는지, 그 약속에 아이들은 모두 동의한 것인지, 지금까지 내가 만든 수업 규칙이 은연중에 아이들에게 지시와 복종을 가르치고 있었던 것은 아닌지 끝도 없는 질문이 머릿속을 어지럽혔다. 그런 생각이 든 후에 가장 먼저 한 일은 수업 규칙을 존중의 약속으로 바꾸는 일이었다. 새로운 시도에 앞서 우려보다는 설렘과 희망이 샘솟았다.

"오늘은 여러분과 1년 동안 평화로운 교실에서 수업하기 위해 존중의 약속[16]을 만들 거예요."

예전과는 다르게 앞으로 해야 할 일에 대해 친절하게 설명을 이어나갔다.

"여러분이 수업하면서 서로 조심해야 할 일이나 함께 지켜야 할 예의들이 있다면 이야기해 볼까요? 그 의견들을 모아 존중의 약속을 만들면 좋을 것 같아요."

아이들은 한참을 가만히 있다가 조금씩 입을 열기 시작했다.

"욕하지 않았으면 좋겠어요."

"떠들지 않았으면 좋겠어요."

"집중해서 수업을 들으면 좋겠어요."

"남의 말을 경청해 주었으면 좋겠어요."

"발표 열심히 잘했으면 좋겠어요."

"적극적으로 수업에 참여했으면 합니다."

"즐겁게 수업해요."

아이들에게서 많은 의견이 쏟아져 나왔다.

사실 함께 만든 존중의 약속은 내가 만든 수업 규칙과 크게 다른

---

16 혁신학교에서는 윤리적 공동체 구축을 위해 생활협약 즉 존중의 약속을 제정한다. 공동체 구성원 간의 협의를 통해 학교생활 전반에서 지켜야 할 약속들을 정하는 것이다. 학급, 학교, 수업 등 어느 곳에서나 구성원들의 합의에 따라 이루어지며 학생, 교사, 학부모 3주체 간에도 정해진다. 평화로운 학교를 만들기 위한 협약의 하나로 구성원의 자발성을 바탕으로 규약하고 실천한다는 점에서 민주적인 학교 문화 조성에도 기여하며 학생들이 민주시민으로 성장하는 데도 큰 역할을 한다.

건 없었다. 그런데 아이들의 의견에는 더욱 긍정적인 표현이 많아서 놀라웠다. 무엇보다 아이들 스스로 자신들이 해야 할 일들을 말했다는 게 큰 의미가 있지 않을까 싶었다. 지금까지 아이들도 교사 못지않게 수업에 참여해 온 경력이 많기 때문에 수업에서 어떻게 해야 하는지, 자신이 어떤 역할을 해야 하는지에 대해 누구보다도 더 잘 알고 있을 것이다. 지금껏 수업에 참여하는 가장 중요한 주체인 아이들과 의견을 나누지 않고 일방적인 교사의 견해를 주입했던 지난날의 방식이 부끄러워졌다. 지금이라도 함께 참여하는 존중의 약속을 만들 수 있어서 다행이라는 생각도 들었다.

그때 누군가 규칙을 어겼을 때에 관한 질문을 던졌다.

"선생님, 약속 안 지키면 어떻게 해요?"

아이들은 웅성웅성하며 일제히 나를 쳐다보았다.

"글쎄? 어떻게 할까?"

"제대로 약속 안 지키면 노래시켜요."

"맞아요. 그러면 아주 약속 잘 지킬 거예요."

"선생님이 100대만 때려 주세요. 하하하."

"자기 이름을 한자로 100번 쓰면서 마음 수양을 했으면 좋겠어요."

"명심보감 써요. 좋은 글 쓰면서 반성할 거예요."

아이들에게서 나온 해결 방안 역시 유쾌하고 지혜로웠다. 예전에는 약속을 지키지 않은 벌로 대부분 반성문 깜지를 쓰게 했다. 깜지 쓰기가 싫으면 잘못을 안 하면 되는 것이기에 행동 후 수정에도 효과적인 방법이었다. 이번에도 그런 대답이 나오겠지 하고 있었는데 예상은 보기 좋게 빗나갔다. 문득문득 드는 생각이지만 아이들은 생각보다 훨씬 더 훌륭하고 유연한 존재들이다. 그런 아이들을 보고 있으면 배우는 점이 참 많다.

아이들 의견대로라면 어쩌면 교실 풍경이 좀 더 부드럽게 달라질수도 있을 것 같았다. 공부하는 과정 자체가 배움이 되고, 서로를 존중하고 배려하는 마음을 체득하게 될 테니 말이다. 그렇게 존중의 약속이 일상화되면 반드시 평화롭고 즐거운 수업 시간이 될 것이라는 확신이 드는 순간이었다.

하지만 이렇게 존중의 약속을 정했어도 날마다 준비물 안 가져온 녀석, 숙제 안 해 온 녀석, 떠드는 녀석들이 생겨났다 없어지기를 반복했다. 어느 날은 떠들다가 약속을 안 지킨 녀석들이 한바탕 노래를 불렀다. 아이들의 목소리로 교실 안이 들썩들썩 다시 활기차졌다. 그래도 아이들과 함께 만든 존중의 약속 덕분에 교사로서의 마음가짐이 변할 수 있어서 다행이었다.

지시에 복종하는 것에 익숙한 아이들은 수동적인 사람으로 살아가기 마련이다. 아이들을 그렇게 만드는 것은 누구일까? 아이들이 학교에서 많은 시간을 보내는 것을 생각할 때 교사의 태도에 대해 생각하지 않을 수 없다. 우리가 지금까지 어른들의 권위와 지시, 명령 앞에 순종하는 식의 교육을 받아 왔다면 지금의 아이들은 우리와는 달라야 하지 않을까?

학교는 학생들이 자유로운 의사 표현을 통해 실천적인 삶을 살 수 있도록 도와주어야 하며, 서로를 존중하며 조화롭게 살아갈 수 있도록 경험하는 연습의 장이 되어야 한다. 교사가 기꺼이 안내자가 되어 준다면 학생들은 작은 변화에도 능동적이고 사회 참여적인 사람으로 성장할 것이다.

아이들과 평화로운 교실을 만들기 원하는 선생님이 있다면 그 첫 걸음으로 새 학기 수업에서 존중의 약속 만들기부터 시작하라고 권하고 싶다.

협동으로 웃음꽃 피는 수업

아이들은 매번 모둠 뽑기를 재촉하며 매달렸다.

"선생님! 모둠 언제 바꿔요?"

반짝이는 눈으로 애원하는 아이들에게 모르는 척 한마디를 툭 던졌다.

"바꾼 지 얼마 안 된 거 같은데, 왜?"

"선생님! 모둠 한 번 더 바꾸면 공부 진짜 더 잘할 것 같아요. 빨리 빨리 바꿔요."

어쩌면 공부보다는 새로운 친구들과 만나는 것에 더 들뜨는 아이들인지도 모르겠다.

2015년 중학교에서 첫 자유학기제가 시행되기 전까지 아이들과 모둠활동을 통한 협력수업을 해 본 경험이 전혀 없었다. 칠판 앞에 서서 재미있는 일화 등을 들려주며 마치 한 시간 동안 원맨쇼에 가까운 혼자만의 수업으로 아이들의 흥미를 불러일으키기에 급급했다. 그러다 보니 수업 시간이 끝나면 에너지는 고갈되어 집에 갈 때쯤이면 파김치가 되었다. 아이들이 즐거워하는 모습을 보면서 힘을 얻기도 했지만 지식 전달자로서 교사 한 명이 감당해야 하는 심적 부담은 엄청나게 컸다. 그러던 중 자유학기가 시작되었다.

자유학기제는 지식과 경쟁 중심의 교육에서 벗어나 삶에 필요한 역량을 기르는 수업과 평가를 실시하며 학생의 꿈과 끼를 키우는 다양한 활동을 운영하는 학생 중심 중학교 교육과정이다. 지식 경쟁 중심에서 삶과 연계된 교육과정으로 전환되면서 미래 핵심역량을 함양하고, 학교 및 교사의 교육과정 자율권 확대를 통해 창의적인 교육과정을 운영하며, 학생의 선택권 강화와 마을 연계 활동 운영으로 자유학기 활동의 내실을 꾀하려는 목적을 지닌다.

방법적인 부분에서 학생들의 적극적인 참여를 유도하여 스스로 배우게 하고 개별 학생 맞춤형 수업을 지원하는데 이를 위해 협동학습, 토론수업, 실험 실습 등의 학생 참여형 수업[17]이 강화 된다.

평가 역시 학생의 성장과 발달을 지원하는 성장 중심 평가가 강화된다. 참여형 수업과 연계한 과정 중심 평가와 교과 및 자유학기 활동 수업 과정 중에 실시되는 학생 학습활동에 대한 평가의 내실화에 중

---

17 학생활동 중심수업 형태로는 블록타임(Block-Time), 코티칭(Co-Teaching), 코러닝(Co-Learning) 등을 활용한 거꾸로 수업(Flipped Learning), PBL(Project Based Learning), 하브루타, 교과 간 융합수업, 토의 토론 학습, 비주얼 씽킹 등이 활용된다.

점을 둔다. 점수를 서열화하는 평가가 아니므로 부담이 적은 편이다.

이렇게 수업과 평가에서 비교적 자유로웠던 자유학기 덕분에 아이들과 하고 싶은 수업을 마음껏 구상하고 실천할 수 있었다. 잠자는 아이들을 깨우고, 공부가 즐거워지는 수업 방법은 어떤 것이 있을까를 고민했다. 1년 정도의 시행착오를 거쳐 아이들이 즐겁게 수업할 수 있고, 나 또한 배움의 안내자가 되는 수업의 모형을 찾을 수 있었는데 그게 바로 협동학습이었다. 지나고 보니 자유학기에서 느꼈던 배움의 방식과 즐거움은 혁신교육과 맞닿아 있었다. 아이들을 교육하는 데 있어서 경쟁보다는 즐거운 배움과 성장 추구를 더 큰 비전으로 제시하는 교육적 이상을 깨닫게 되었다.

아이들이 가장 힘들어하는 수업은 아마도 선생님의 설명만을 들으며 1시간을 오롯이 견뎌 내는 수업일 것이다. 일제히 앞을 보고 앉아서 선생님이 던져 주는 지식적 설명에 고개를 갸우뚱하며 시간을 보내야 하기 때문이다. 모르는 것이 있어도 잘 물어보지 못하고, 참여하고 싶어도 말할 기회가 없었다. 아주 작은 지루함도 견디지 못하는 요즘 아이들에게 1시간 동안이나 진행되는 강의식 수업은 고통과 인내의 시간이다.

이를 깨닫고부터 대부분의 수업 내용을 협동학습으로 재구성하고 지식 전달자의 역할을 조금씩 줄여 나갔다. 다행히 교사의 역할이 줄어들수록 아이들의 목소리는 더 높아졌다. 서로 눈을 맞추고 이야기를 시작했고 정답과 상관없이 서로의 의견을 교환하면서 답을 찾아가는 작업에 몰두했다. 아이들은 협동학습을 통해 서로 성장하는 계기가 되었으며 모둠원끼리 사이가 더욱 돈독해지기도 했다. 힘들게 느껴졌던 이론 수업도 모둠끼리 공부하면 좀 더 쉽게 이해했고, 심화학습에서도 창의적인 내용을 마음껏 발산하면서 협력적으로 문제를 해결해 갈 수 있었다.

협동학습을 진행하면서 더욱 놀랐던 것은 자는 아이들과 무기력하게 혼자 있는 아이들이 없어졌다는 것이다. 공부에 흥미를 잃은 아이들까지 함께 데려갈 수 있다는 것이 새로운 희망처럼 느껴졌다. 모둠활동을 통해서 아이들은 정해진 역할을 책임감 있게 해냈고, 나는 관찰자로서 아이들의 여러 재능을 발견하기도 했다.

선생님들의 참관 수업이 있던 날이었다.
"영주야! 잘 봐. 이건 이렇게 하는 거야. 알겠어?"
수업 중에 윤호가 모둠원인 영주에게 수업 내용을 친절하게 가르쳐주고 있었다. 영주는 늘 엎드린 채 잠을 자고 공부에 별 의욕이 없는 아이였다. 그런데 윤호는 영주를 비롯한 다른 친구들을 이끌어 주며 끊임없이 학습목표를 이뤄 내고자 노력하는 게 아닌가! 수업에 참관했던 선생님들도 윤호의 행동에 주목했다.
"저 친구 누구예요? 공부 잘하는 친구죠? 정말 열심히 하네요."
사실 윤호는 공부를 잘하는 아이는 아니었다. 다른 수업 시간에 무기력하게 있기 일쑤였고 가끔 선생님들에게 거친 말과 행동으로 대들기까지 하는 아이였다. 이상하게도 모둠활동으로 협력수업을 진행하는 수업 시간에는 그런 모습을 한 번도 보인 적이 없었다. 늘 활기차게 자신의 의견을 이야기하고 아이들을 이끌어 주며 리더의 역할을 해냈었다. 선생님들은 윤호가 협동학습 시간에 더 적극적이고 진취적이란 사실을 알게 되자 모두 놀라워했다. 비단 윤호뿐만 아니라 아이들은 모둠 협동수업을 할 때 수업 시간이 더 기다려지고 공부하는 게 즐겁다고 말하곤 했다.

　모둠 협동수업에 대한 아이들의 평가도 이를 증명해 준다.

- 친구들과 문제를 푸니 더 재미있었다.
- 친구들과 대화하면서 공부하니 즐거웠다.
- 친구들과 상의해 볼 수 있어서 좋았다.
- 부끄러워서 말도 못 했는데 다음엔 열심히 해야겠다.

친구들과 적극적으로 협의하면서
배움의 과정 자체를 즐기는
아이들을 발견하게 된 것이다

- 친구들과 같이 의논하고 이야기할 수 있어서 되게 재미있었고, 다음에 또 하고 싶다.
- 친구들이랑 함께 공부해서 재밌었다. 그래서인지 더 머리에 잘 들어온 것 같다.
- 모둠이 마음에 들었고 재미있었다. 모둠활동 자주 하고 싶다.
- 친구들끼리 회의하면서 활동하는 것이 재미있었다.

이렇게 모둠 협동수업이 너무너무 재밌었다는 아이들의 반응이 교사로서 더 공부하게 했다. 수업 속에서 잠자는 아이들을 깨울 방법을 모색하고 이를 실천으로 옮기면서 나도 다양한 경험을 하게 되었다. 또한 관찰자의 눈으로 아이가 어떤 생각을 하고 어떤 이야기를 담아내며 어떻게 문제를 풀어 나가는지 일련의 활동을 지켜보면서 수업을 통해 아이들의 성장 과정을 살펴볼 수 있게 되었다. 아이들 스스로 주어진 문제를 해결하고자 노력하고 친구들과 적극적으로 협의하면서 배움의 과정 자체를 즐기는 아이들을 발견하게 된 것이다.

배움 중심수업은 나에게도 어렵게만 느껴졌지만 나만의 방법으로 실천할 수 있게 되어서 아이들보다 어쩌면 내가 더 행복했던 시간이었다. 수업 방법을 약간만 변형했을 뿐인데 아이들에게는 배움의 과정이 즐거워졌고, 나에게는 기다림의 과정이 즐거워졌다.

선생님이 설명해 주는 지식은 얼마나 기억에 남을까? 내 경우도 수많은 설명을 듣고 자랐지만 사실 기억나는 게 별로 없다. 어쩌면 지식 주입은 순간이고, 지식을 알아내려고 탐구하는 시간과 과정들이 더 오래도록 남아서 우리의 공부를 완성해 주는 것이 아닐까? 그것이 혼자가 아닌 협력의 과정을 통해 얻어진다면 그 효과는 더욱더 커질 것이다.

앞으로도 교사 혼자서 잘하는 원맨쇼 수업은 그만하고 싶다. 그 대신 아이들 스스로 배움을 알아갈 수 있도록 안내해 주고, 협동학습을 통해서 문제를 해결해 가며 즐겁게 공부할 수 있도록 도와주는 조력자의 역할을 하고 싶다. 서로를 경쟁자가 아닌 협력자로 의지하며 공부 자체가 즐거워지는 배움의 과정을 마주하게 하고 싶다.

개인이 존중되는 수업

수업을 하다 보면 교사의 말에 토를 다는 아이들을 꼭 한두 명씩 만나게 된다.

"선생님, 이거 꼭 해야 하나요? 다른 거 하면 안 되나요?"

"왜? 무슨 문제라도 있니?"

"아니요, 어렵기도 하고 그냥요."

"다른 아이들도 다 말없이 하는데, 너도 열심히 해야지. 하다 보면 재미있을 거야."

수행 과제를 하기 싫다는 듯 투덜거리는 아이의 질문과 내 질문에 대한 아이의 대답을 듣고는 조금은 언짢은 듯이 대답하고 말았다.

이럴 때마다 '저 녀석 뭐지?' 하면서 곱게 보이지 않았었다. 어떤 방법이든 주어진 과제는 순순히 따라 주길 바랐고 과제를 해결하는 과정에서 배우고 즐기길 바랐다. 그러던 중 대학원에서 개별화 수업과 관련한 과목을 들으면서 그동안의 생각은 착각이었고 오만이었음을 알게 되었다. 한동안 지금까지 해 왔던 수업에 대한 고민이 깊어졌다.

개별화 수업은 아이마다 특성이 다르듯이 공부 과정에서도 맞춤형 교육을 하면서 아이의 능력과 소질을 발휘하게 해야 한다는 내용이다. 선진국의 많은 교육 사례를 살펴보면서 나와는 상관없는 먼 나라 이야기처럼 보였기에 전혀 감흥이 없었지만 몇몇 장면들은 마음을 흔들기에 충분했다. 아이들이 교실을 돌아다니며 자신이 원하는 방식으로, 원하는 공간에서 자유롭게 공부하는 장면들이 무척 신기했다. 선생님들이 학생 개개인을 살피며 개인의 학습 진도에 맞추어 피드백하는 장면들도 인상적이었다.

가장 흥미로웠던 것은 스스로 계획하고 실행하는 프로젝트 수업이었다. 하지만 우리나라처럼 학급 인원수가 많은 데다 정해진 교육과정 안에서 과연 개별화 수업이 가능할지는 미지수였다. 교수님은 그럼에도 현장에서 적용해 볼 수 있는 것이 무엇인지 살펴보고 적용하는 것이 우리가 해야 할 일이라고 말씀하셨다.

많은 개별화 수업의 교육 사례를 보면서 수업 시간에 아이들에게 제시했던 활동들을 되돌아보았다. 어쩌면 우리의 교육은 하나의 방법만을 제시하는 권위적이고 폭력적인 방법으로 아이들을 가르치고 있는 건 아닌지 많은 생각이 들었다. 학생들은 처음부터 교사의 의도대로 짜인 교육과정 속에 정해진 길로만 걸어가도록 강요받고 있다. 아이들에게 어떠한 선택권도 주지 않는다. 학생 중심활동 수업이라고 부르는 그 수업 방식마저도 정해진 활동을 해야만 했다. 철저히 교사 위주로 진행되고 있었던 것이다.

앞서 학생이 "이거 꼭 해야 하나요?"라고 질문했을 때도 학생의 의사보다는 내 방식을 따르지 않는 학생의 태도에 대한 불쾌감이 더 컸었다. 결국 다른 아이들도 다 한다는 말로 학생의 의사를 무시해 버렸다. 뒤늦게 생각해 보니 선택에 대해 의사 표시를 했던 아이의 잘못이 아니라 아이의 수준과 적성을 고려하지 않고 교육과정을 운영한 무지하고 오만하기까지 했던 내 잘못이었다.

길을 찾는 사람이 목적지를 찾아가는 방법은 여러 가지일 텐데 학생들에게는 오직 한 가지 방법만을 알려 주며 그 길만을 따르도록 했고, 정해진 방식대로 공부하길 바랐었다. 교사는 곧 진리요 길이었고, 언제나 교육과정의 주도자였으므로 다른 방식을 제시하는 아이들의 마음을 들여다보지 못했고, 다른 길을 보지 못했었나 보다.

콩나물시루 같은 현재 교실 속에서 어떻게 하면 아이들에게 맞는 개별화 교육을 실현할 수 있을까? 지금까지 했던 수업을 아이들 개개인의 특성에 맞게 바꿀 방법은 무엇일까? 개별화 수업을 불가능하게 만드는 많은 요인이 있지만 그래도 해결책을 찾아내고 싶었다. 오랜 고심 끝에 몇 개의 영역에서 개별화 수업을 실천해 보기로 했다.

개별화 수업 방법을 보니 교사들은 학생들의 준비도와 관심사 또는 학습 특성에 기초하여 학습 내용과 학습 방법, 과정 및 평가, 학습 환경을 개별화할 수 있었다.[18] 가장 현실적으로 수업에 적용 가능할 것 같았던 학습 과정의 개별화 전략 중에서 '학습일지 쓰기'를 선택했다. 학습일지 쓰기는 학생이 배운 내용, 학습 과정, 자신의 느낌을 통합하도록 도와주는 간단하고 쉬운 수업 전략의 하나이다. 다음의 내용은 수업 시 아이들에게 배포했던 것으로 학습일지 전략을 참고하여 만든 학습일지 쓰는 요령이다.

- 무엇을 배웠는가?
- 배운 것 중에 의문이 생기는 것은 무엇인가?
- 흥미로웠던 것은 무엇인가?
- 배운 것 중 가장 핵심적인 것 또는 생각나는 것은 무엇인가?
- 배운 것을 실생활에 어떻게 적용할 것인가?
- 오늘 배운 수업 소감은?

간단한 방법이지만 학습일지 쓰기 개별화 전략은 원격수업에서 큰 효과가 있었다. 대면수업 때는 아이들이 모두 이해했는지 한 명 한 명의 목소리를 모두 듣는 것은 어려운 일이었다. 그런데 원격수업을 하면서 날마다 학습한 내용 중에서 새롭게 알게 된 점, 느낀 점, 흥미로운 점, 실생활에 적용할 점 등을 학습일지에 기록하게 되면서 교수-학습의 변화가 시작되었다. 아이들의 학습일지를 살펴보며 공부의 상태나 그날의 기분 등도 파악할 수 있었고, 부족한 부분에 대해 바로 피

---

18 황윤한·조영임, 『개별화 수업』(교육과학사, 2005), 162.

드백할 수 있게 된 것이다. 또한 수업 개선은 물론 학습자의 학습이 누적되어 학습 효과를 거두는 데에도 도움을 주었다.

두 번째 실시한 개별화 수업 전략은 '학습 결과물의 개별화 전략'이었다. 같은 내용을 공부하더라도 여러 가지 방법(역할극, 쓰기, 그리기 등)으로 심화학습을 하는 것이다. 학습한 결과를 표현하는 방법에 대한 선택권을 부여하는 것으로 이해할 수 있다. 예전에는 한 가지 이론 공부를 하고 나서 그에 맞는 한 가지 활동으로 깊이 있게 표현해 보는 작업만을 했었다. 아이들의 선택권은 전혀 고려되지 않았었다.

하지만 이번에는 여러 가지 선택지를 부여하고 아이들이 자신에게 맞는 방법을 찾아 선택·심화할 수 있도록 한 것이다. 처음 시도하는 것이라 걱정했던 것과는 달리 아이들은 좀 더 빨리 흥미와 적성에 맞는 것을 선택하여 활동했다. 덕분에 학습 효과는 물론 만족도까지 높일 수 있었다. 교사의 관점에서 바라볼 때 아이들의 다양한 활동을 통해 개개인의 재능을 파악하기도 훨씬 수월했다.

개별화 학습 전략은 분명 학생들이 참여하는 교실뿐만 아니라 개인의 적성과 속도 등을 고려한 수업으로 배움 중심수업의 방법임이 틀림없다. 그러나 더 큰 의미는 아이들과 학습 주도권을 공유한다는 것에 있다. 따라서 이런 수업을 시행하기 위해 교사들은 자신에게 가장 맞는 개별화 수업 전략을 찾는 일이 필요하다. 이와 함께 개별화 수업을 하기 위해 수업 계획과 수업 약속, 수업 환경 등을 조성한다면 더 큰 실효를 거둘 수 있을 것이다.

개별화 수업 시도는 학생들을 그저 교사의 종속체로만 여겼었던 사고에서 아이들을 존중하는 마음을 되새기게 해 준 수업이었다. 학생들의 성장을 도모하는 수업을 위해 학생들의 다양한 특성을 이해하려고 노력하고, 학생들의 관심과 흥미를 파악하여 수업을 조직하고 안내하는 교사의 역할을 다시금 생각하게 되었다.

수업을 디자인할 때 다음의 질문들은 수업 방향을 전환하는 데 좋은 통찰을 줄 것이다.

- 현재 우리의 교실 수업은 누구의 입장에서 기획하고 진행되고 있는가?
- 아이들은 과연 어떤 배움을 통해 성장하는가?
- 한 번쯤은 아이들에게 배울 내용을 스스로 기획하고 탐구해 보도록 하는 것은 어떨까?
- 공부하는 방법도, 탐구의 과정에도 선택권을 주는 것은 어떨까?

교육과정에서 교사의 주도권을 학생들과 나누어 가질 때 분명히 기대 이상으로 많은 것을 스스로 해낼 수 있는 아이들의 모습을 마주하게 될 것으로 생각한다. 아이들은 존중받는 느낌 속에서 자신이 하고자 하는 것을 충분히 해낼 테니까 말이다.

오늘은 나도 또래 선생님

교실에서는 아이들이 '또래 가르치기'[19] 수업을 진행하기 위한 준비가 한창이었다. 평소와 달리 아이들 모습은 긴장되어 보이기도 했고 한편으로는 들떠 있는 것 같기도 했다.

"자, 오늘은 또래 선생님들이 여러분을 가르칠 거예요. 처음 해 보는 수업이니 더욱 예의 갖추고 열심히 배우도록 합시다."

수업에 대한 유의점과 안내 사항을 차분히 알려 주었다.

"네, 선생님!"

아이들은 새로운 수업에 흥분을 감추지 못하고 아주 큰소리로 대답했다.

---

19 학급 구성원끼리 가르치는 협동학습의 한 형태이며 여기서는 '하나가고 셋 남기' 모형을 적용했다. 해당 모형은 모둠별로 가르치는 한 명의 학생이 여러 모둠을 돌며 가르치는 수업 형태이다.

또래 선생님들은 본 수업에 앞서 나에게 지도를 받고 가르쳐야 할 부분을 미리 공부해 왔다. 각 모둠에서 선생님 역할을 해 보고 싶은 학생들이 자원했던 터라 열정적으로 가르칠 모습에 나 또한 기대가 되었다. 이 수업에서 교사가 할 일은 간단했다. 또래 선생님들이 배울 내용을 잘 가르치고 있는지, 피드백은 되고 있는지, 학생들은 잘 참여하는지 등 또래 선생님의 수업 방법과 아이들의 학습을 관찰하는 것이었다.

드디어 또래 선생님의 수업이 시작되었다. 각 모둠의 또래 선생님들은 조금은 긴장한 듯했지만 열심히 설명해 나갔다. 덕분에 교실은 평소와 다른 생동감이 넘쳐흘렀다. 아이들은 또래 선생님과 호흡하며 열심히 듣는가 하면 손을 번쩍번쩍 들고 발표도 하면서 평소보다 더 즐겁게 수업을 했다.

한 시간 동안 또래 선생님의 수업을 지켜보다 보니 열정을 다해 정확한 지식을 가르치는 선생님이 있는가 하면 알고 있는 지식보다 현란한 말솜씨로 아이들을 사로잡는 선생님도 있었다. 수줍지만 친절하게 안내해 주는 선생님도 있었고, 학생들을 무시하며 일방적으로 가르치는 선생님도 있었다. 그 모습을 보며 수업하는 내 모습을 투영시켜 보았다. 아이들의 모습을 통해 교사로서 나 자신을 돌아보는 좋은 계기가 되었고 많이 배우기도 했던 시간이었다.

한 시간이 순식간에 지나갔다. 수업이 끝날 즈음에 학습 내용을 다시 한번 정리하고 강의를 평가하는 시간을 가졌다. 아이들이 느끼는 또래 선생님과의 수업이 어땠을지 자못 궁금해졌다.

"우리 오늘 또래 선생님께 배워봤는데 어땠는지 교사평가와 학생 평가를 진행해 볼까요? 인신공격은 하지 말고 좋았던 점과 개선할 점 위주로 나눠 주세요."

먼저 교사평가를 들어 보았다.

"○○○ 선생님은 자세하게 잘 가르쳐 줘서 좋았어요."

"○○○ 선생님은 예를 잘 들어 줘서 이해하기 쉬웠어요."

"○○○ 선생님은 화도 안 내고 친절하게 대해줘서 좋았어요."

아이들은 자신들이 느꼈던 점에 생각을 더해 또래 선생님을 칭찬해 주었다. 이번에는 아쉬웠던 점을 나눠 보자고 한 후 아이들의 얼굴을 쳐다보며 조금은 흥미롭게 대답을 기다렸다.

"○○○ 선생님은 자꾸 모른다고 화내고 소리 질렀어요."

"○○○ 선생님은 공부 잘 안 해 온 거 같아요. 모르는 것을 물었는데 선생님도 잘 모르는 것 같았어요."

"○○○ 선생님은 자꾸 반말하고 때렸어요."

아이들은 한 시간 동안 만났던 또래 선생님의 단점을 거침없이 쏟아 냈다.

다음으로 또래 선생님이 본 학생들의 모습을 나눠 보는 시간이었다. 비록 하루였지만 선생님 역할을 한 아이들의 생각이 궁금해졌다.

"저는 아이들이 너무 못 알아들어서 답답했고 목도 아팠어요."

"애들이 예의도 없고 필기도 잘 안 해서 기분 나빴어요."

"어떤 애는 발표도 잘하고 제 말을 경청해 줘서 너무 예뻤어요."

"어떤 모둠은 정말 열심히 하고 호의적이라서 기분이 좋았어요."

어쩌면 또래 선생님들은 하루 체험만으로 교사가 느끼는 감정을 그대로 느끼고 있는지 신기하기도 하고 웃기기도 하였다. 아이들은 자신들의 이야기가 나오면 깔깔거리며 웃기도 하고, 마음에 찔리는 듯 자세를 고쳐 앉기도 했다. 그날 최고의 선생님과 최고의 학생을 뽑아 칭찬해 주었는데 그것까지도 반 아이들에게 좋은 경험으로 남았고, 이날 수업은 우리만의 색다른 추억이 되었다.

세상의 배움에는 여러 가지가 있다. 꼭 선생님에게만 배울 수 있는 것도 아니고 꼭 정해진 배움만 있는 것이 아니라 어디서나 배움은 일어날 수 있다. 이번 또래 가르치기 수업이 그런 본보기가 되어 많은 것을 느끼게 해 주는 수업이었다. 아이들 스스로 공부할 힘을 길러 주

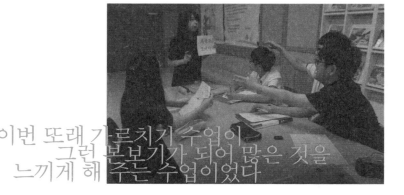

이번 또래 가르치기 수업이
그런 본보기가 되어 많은 것을
느끼게 해 주는 수업이었다

었고, 친구를 통한 배움을 맛보기도 하였으며, 관계 속에서 오는 여러 가지 태도 및 자세에 대해 공부할 수 있는 좋은 계기가 되었다.

"다음번에 누가 또래 선생님 할까?"

"저요! 선생님, 제가 할래요!"

아이들은 언제나 새로운 시도와 배움을 두려워하지 않는다. 나 역시 그런 아이들을 도와주면서 즐거운 공부의 길을 나란히 걸어가 보려 한다. 조금 부족하더라도 그 또한 배움이라 믿으면서 말이다.

또래 선생님! 참 멋진 도전이었다.

꿈을 찾아가는 수업

미국의 제16대 대통령 에이브러햄 링컨에 관한 책을 읽을 때였다. 책 속의 구절을 보다가 수없이 내 눈을 의심했고 연필을 들어 밑줄을 긋기 시작했다.

23세(1832년) 주의원 선거에서 실패

25세(1834년) 주의회 의원 당선

29세(1838년) 주의회 대변인에 출마하여 실패

31세(1840년) 정·부통령 선거 위원에 출마하여 실패

34세(1843년) 연방 하원 의원에 출마하여 실패

38세(1847년) 연방 하원의원 선거에 재출마하여 당선

40세(1849년) 연방 하원의원 선거에서 재선을 노렸으나 실패

45세(1854년) 상원의원 선거에서 실패

47세(1856년) 부통령 지명전에 나섰다가 실패

49세(1858년) 상원의원 선거에서 또 실패

51세(1860년) 대통령 선거에 출마

링컨의 이야기라는 것을 알면서도 계속되는 실패의 경험에 '이 사람 과연 괜찮은 걸까?'라는 걱정이 밀려오기까지 했다. 링컨이 이렇게 많은 실패를 거치고 성공한 줄은 감히 상상도 못 했다. 그러다 문득 이 이야기를 아이들에게 읽어 줘야겠다고 생각했다.

아이들은 내가 읽어 주는 구절을 듣는 내내 거듭되는 실패라는 단어에 '아~' 하고 탄식을 연발했다. 마지막에는 거의 체념한 듯했고 그가 에이브러햄 링컨임을 알았을 때는 감탄을 금치 못했다. 정말이지 꿈을 향한 기나긴 여정이었다. 그의 어려웠던 가정 형편과 오랜 실패의 경험, 그리고 그것을 극복하기 위한 전 과정이 학생들에게 본보기가 되기에 충분했다.

나 또한 이 책을 만나기 전까지는 대통령이 된 그와 그의 업적에만 집중했었다. 그러나 『독서불패』[20]에 나오는 링컨의 실패담과 독서를 통한 꿈의 여정을 접한 순간 감동할 수밖에 없었다.

이런 인물들의 이야기를 읽을 때마다 '교과서 한 줄 더 가르치는 것보다 아이들에게 큰 꿈을 가질 수 있도록 안내하는 것이 중요하구

---

20 김정진, 『독서불패』(자유로, 2005)

나! 아이들에게 꿈을 심어 주는 교육을 하자!'라고 생각한다. 지금껏 학생들과 꿈에 대해 나눈 대화라고는 "네 꿈이 뭐니? 커서 뭐가 될 거니?"정도를 물어보면서 생활기록부에 적는 것이 전부였다. 단발적이고 생기 없는 그저 기록을 위한 대화가 아니었을까 반성해 본다.

이제부터라도 다시 수업 속에서 책을 통해 진지하게 아이들과 꿈을 이야기하고 싶었다. 그래서 나부터 열심히 책을 읽었고 아이들의 꿈을 일깨워 줄 수 있는 구절들을 만나면 메모해 두었다가 수업 시간에 활용했다. 막상 첫 수업을 해 보니 아이들은 꿈의 정의에서부터 갈팡질팡 길을 잃었다. '도대체 꿈이란 뭐길래?'라는 얼굴을 하고는 어려운 숙제를 푸는 것처럼 끙끙댔다.

그러다 늘 모범적이었던 한 학생의 질문에 당황하고 말았다.

"선생님! 꿈은 바뀔 수도 있는 건데 꼭 정해야 하나요?"

그 학생 정도면 당연히 꿈이 있을 거라고 생각했기 때문이었다.

"맞아. 꿈은 바뀔 수 있지. 그래도 꿈꾸지 않는 것보다 꿈꾸는 동안은 더 행복하지 않을까?"

애써 웃으며 대화를 이어 나갔다. 꿈을 찾기 위한 여정은 누구에게나 힘들다는 것을 또 한 번 깨달았다.

아이들의 질문은 끝이 없었다.

"선생님 꿈과 직업은 같은 건가요?"

"아니, 꿈과 직업이 같은 사람도 있겠지만 직업이 꼭 꿈이 될 수는 없는 것 같은데?"

내 말을 들은 그 아이의 다음 대답이 궁금해졌다.

"아! 그럼 저는 커서 세계 일주를 하고 싶어요. 세계 곳곳을 돌아다니며 다른 세상을 만나고 싶어요. 그게 저의 꿈이에요."

"와~ 정말 멋진데! 선생님은 평생 꿈꿔 보지도 못한 것을 너는 열다섯 살에 꿈꾸고 있구나!"

진심으로 그 아이의 꿈을 응원하고 격려해 주었다. 그리고 마음속에 품은 꿈이 공부의 과정에 큰 지지가 될 것이라고 생각했다.

꿈에 관한 대화를 이어 가면서 그들의 고민과 희망의 씨앗을 엿볼 수 있었다. 아이들 또한 불투명했던 꿈에 대한 개념이 조금씩 선명해지는 듯 보였다. 어쩌면 지금까지 아이들을 주저하게 했던 것이 우리의 교육이 꿈=직업(진로 희망)=생활기록부 기록이라는 공식이 압박을 가하고 있었던 건 아닐까 싶었다.

사전에는 '꿈'이란 실현하고 싶은 희망이나 이상 또는 실현될 가능성이 아주 작거나 전혀 없는 헛된 기대나 생각이라고 정의되어 있다. 정의마저 알쏭달쏭 우리에게 의문을 던져 준다. 사전적 정의에서도 알 수 있듯이 꿈이라는 것은 이루어지면 현실이 되고 이루어지지 않으면 망상이 되고야 만다.

그렇다면 교사로서 아이들이 꿈을 실현할 수 있도록 어떻게 안내할 것인가? 끝도 없이 가르치고 배워야 하는 배움의 질주 속에서 어떤 비전을 가진 아이들로 꿈꾸게 할 수 있을까?

독서를 매개로 시작된 꿈을 찾는 수업이었지만 앞으로도 나는 수업에서 아이들의 꿈과 함께 하려고 한다. 책 속에서 만나는 가치 있는 선배들의 삶, 위인들의 삶의 자세를 나누면서 미래의 비전을 갖도록 이끌어 주고 싶다. 어떤 환경에서도 그 굴레를 헤쳐 나갈 수 있는 힘, 그것이 바로 꿈이라는 것을 조금이나마 일깨워 주고 싶다. 꿈꾸는 동안 방향성 없이 그냥 했던 공부의 과정이 조금은 희망으로 가득 찰 수 있도록 말이다.

교사가 된 이후 한동안 잊고 있었던 꿈이 되살아난 기분이었다. 그러고 보니 중학교 때 배웠던 책 속의 한 문장이 어릴 적 어려운 환경에서도 희망을 품고 미래를 꿈꾸게 해 주었다는 사실을 기억해 냈다.

"가난하다고 해서 그로 인해 공부를 그만두어서는 안 되고, 부유하다고 해서 그것을 믿고 공부를 게을리해서는 안 된다. 가난한 사람이 부지런히 배운다면 입신할 것이요, 부유한 사람이 부지런히 배운다면 빛나고 영화로울 것이다. 오로지 배운 사람이 훌륭해진 것을 보았으며, 배운 사람이 뜻을 이루지 못한 것을 보지 못했다."[21]

---

21 『명심보감』 - 근학편-

on-tact 수업을 溫-tact하게

　팬데믹으로 인해 원격수업이 시작된 지 1년이 넘어가고 있다. 원격수업을 위해 전용 콘텐츠를 만들고 기술적인 부분에 적응하느라 힘든 날들의 연속이었다. 팬데믹 초창기의 원격수업은 콘텐츠를 올리고 출석체크와 숙제 검사에만 치중했기에 적절한 피드백을 해 주기 어려운 것이 문제였다. 그에 반해 올해는 쌍방향수업이 본격적으로 실시되면서 아이들의 무반응이나 화면을 켜지 않고 수업에 임하는 태도들이 큰 문제로 대두되었다.

　수업은 또 어떨까? 교사의 노력이 없으면 원격수업은 그야말로 모든 수업 방식이 강의식 일변도의 예전 방식으로 전락해 버리고 마는 위기의 순간을 맞이했다. 지금까지 잘 진행되어 가던 수업 혁신도 제자리로 돌아갈 것만 같았다. 어떻게 이 시간을 헤쳐 나가야 할까? 온라인에서도 예전처럼 소통하려면 어떻게 해야 할까? 원격이지만 서로의 온기를 느끼기 위해 어떤 연결 고리를 가지고 다가갈 수 있을까? 깊은 고민이 이어졌다.

그런데 뜻밖에 온라인수업의 장점들이 드러나기 시작했다. 조용한 공간에서 많은 이야기를 경청할 수 있다는 것과 서로의 소리가 더욱 잘 들린다는 점이었다. 이러한 장점을 활용하면 더 많은 아이와 소통하고 대면수업에서처럼 가까워질 수 있는, 우리만의 온라인 교실을 만들 수 있을 것 같았다. 실제로 특정 아이만 발표하는 대면수업보다 한 시간 안에도 반 아이들 대다수의 의견을 들을 수 있었다.

이 장점을 십분 이용하여 인성 교육을 위한 방법을 생각해 냈다. 바로 시 낭독과 1분 대화를 통한 수업 열기였다. 이 둘의 수업 목표는 소통과 존중 그리고 경청을 통한 따뜻한 수업(溫-tact) 만들기였다.

첫 시간에는 1분 대화부터 시작했다. 안 해 봤던 것을 하려니 큰 용기와 결단이 필요했다. '교과 진도는 그렇다 치고 아이들이 아무 반응이 없으면 어쩌지? 하지 말까?' 머릿속에서 오만가지 생각이 스쳐 갔다. 그래도 결국 해야 할 일이었다.

드디어 아침 1교시 수업. 교사도 학생도 가장 입을 떼기 힘든 시간이다. '에라. 모르겠다' 하는 마음으로 온라인 속 적막을 뚫고 용기를 내었다.

"선생님이 오늘은 좋은 구절을 읽어 줄게요. 우리 좋은 구절을 들으며 마음 열기하고 수업 시작하도록 해요."

컴퓨터 화면에 비친 아이들은 보일 듯 말 듯 고개를 끄덕거렸다.

그러라는 건지 말라는 건지 잘 알 수는 없지만 그냥 눈 딱 감고 시도했다. 교사는 이런 오글거리는 상황도 감내할 줄 알아야 하는 법이니까.

> 두려움을 용기로 바꿀 수 있다면 그건 백배, 천 배의 힘을 낼 수 있을 것이다. - 영화 명량 中에서 -

나는 즉석에서 아이들에게 질문거리를 만들어 던져 주었다.

"여러분이 지금 가지고 있는 두려움은 무엇인가요?"

역시나 반응이 없었다. 괜히 했나 싶었다. 그런데 얼마 후 조용했던 컴퓨터 화면에 깜빡깜빡 커서가 움직이기 시작했다. 7교시, 공부, 시험, 엄마, 벌레, 성적, 바퀴벌레, 거미, 수학, 아침 등교, 영어, 발표, 높은 곳, 월요일, 코로나, 사는 것, 선생님, 저는 두려울 것이 없습니다 등등 아이들의 답변이 이어졌다.

생각지도 못했던 대답에 놀라기도 했고 웃음이 나기도 했다. 자신들의 이야기를 조용히 듣고 있던 아이들은 어느새 환하게 웃고 있었다. 갑자기 까맣기만 했던 컴퓨터 화면이 흔들흔들하며 환하게 꽃피는 것 같았다. 이렇게 시작된 '1분 대화' 마음 열기는 원격수업이 시작된 초창기부터 지금까지 이어지고 있다. 시작할 때는 도무지 용기가 나지 않고 어색한 일이었지만 이제는 빼먹으면 뭔가 허전한 느낌이들 정도로 일상의 소소한 기쁨이 되었다.

나뿐만 아니라 아이들 역시 1분 대화의 기적을 보여주었다. 마이

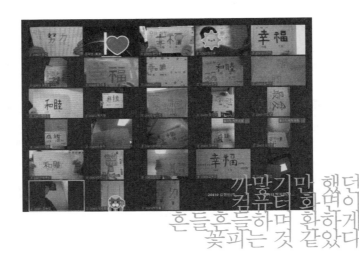

까맣기만 했던
컴퓨터 화면이
흔들흔들하며 환하게
꽃피는 것 같았다

크를 켜고 말하기 시작했고 채팅창에 끝도 없이 대화가 올라왔으며 대화가 끝날 때쯤엔 함박웃음을 띠고 있었다. 심지어 요새는 어떤 대화 질문에도 '선생님! 사랑합니다'라는 말로 아부를 떨기도 하는 귀여운 녀석들이 되었다. 1분 대화 수업은 '시로 여는 아침'으로 이어져서 아이들과 함께 마음을 어루만지는 수업 열기로 계속되고 있다.

> 오늘이란 날은 두 번 다시 오지 않는다는 것을 잊지 말라. - 단테 -

"여러분에게 오늘이란 어떤 날인가요?"
질문을 던지자 아이들의 답변이 이어진다.
"새로운 생각이 시작되는 날입니다."

"특별한 날입니다."

"제 생일입니다."

"학원가는 날입니다."

"선생님을 만나는 기쁜 날입니다."

"택배 오는 날입니다."

오늘도 온택트[22] 수업에서 아이들의 따뜻한 일상을 만나고 있다. 비록 온라인일지라도 우리의 수업 대화 덕분에 오늘이 좀 더 특별하고 마음 따뜻한 날이 되었다.

최근 '온노'[23]라는 신조어가 생길 만큼 아이들은 원격수업의 굴레에서 벗어나지 못하고 있으며 앞으로도 여전히 그렇게 살아가야 하는 처지가 될지도 모른다. 그래서 우리는 더욱 원격수업에서 서로에게 다가갈 수 있는 다양한 방법을 찾아야 한다. 시대가 변해도 시스템이 변해도 우리가 결국 지향하는 바는 인간다움일 테니까. 언제나 그랬듯이 현장에 있는 선생님들은 어려움 속에서도 자기만의 길을 찾아낼 것이고 따뜻한 아이들로 길러 낼 것이라 믿는다.

---

22 비대면을 일컫는 '언택트(Untact)'에 온라인을 통한 외부와의 '연결(On)'을 더한 개념으로, 온라인을 통해 대면하는 방식을 가리킨다. 이는 2020년 팬데믹이 장기화되면서 등장한 새로운 흐름이다.
23 온라인 클래스 노예의 준말로 주로 학생들 사이에서 유행하는 신조어

할까 말까 프로젝트 수업

1년에 한 번씩 수업 단원을 활용하여 공익 광고 만들기 프로젝트 수업을 한다. 기획부터 실행까지 아이들이 주도하는 일이라 아이들 입장에서는 꽤 즐거운 수업이다.

그러나 아이들과 달리 교사는 하나부터 열까지 여간 신경 쓰이는 게 아니었다. 진도, 안전, 일탈학생, 소외학생, 소음 피해 등등 챙겨야 할 것들이 많아 자칫 문제투성이 수업이 될 가능성이 크기 때문이다.

처음 시작할 당시만 해도 선생님들의 눈총을 한눈에 받아야 했다. 그래서 늘 이 수업을 하기 전에는 '할까 말까? 아이들이 사고 치지는 않겠지? 열심히 안 하고 숨어서 딴짓하진 않겠지?' 하며 망설여진다. 그럼에도 불구하고 변함없이 용기를 내서 진행하는 것은 아이들의 즐거운 배움 때문이다.

드디어 수업 시간! 모둠끼리 둘러앉아 이러쿵저러쿵 광고 제작 이야기가 시작되었다. 자신들이 뽑은 학습 내용을 활용하여 어떻게 하면 재미나면서도 의미 있는 광고를 찍을 수 있을까 고민하는 모습들이 사뭇 진지해 보였지만 다소 생소한 수업에 들뜬 것 같았다. 온종일 책상에만 앉아 있어 좀이 쑤셨던 차에 학교 곳곳을 돌아다니며 촬영까지 할 수 있다고 하니 아마 일종의 해방감을 느꼈으리라.

평소에 늘 엎드리곤 했던 시완이도, 창문을 바라보며 침을 찍찍 뱉었던 준형이도 몸을 곧추세우고 새로운 프로젝트에 집중했다. 자기 역할을 찾아보며 연신 싱글벙글한 걸 보니 아마 엄청나게 기대한 모양이었다. 배운 내용을 가지고 1시간 동안 대본을 짜고, 역할을 배분하고, 촬영까지 하면서 아이들은 주도적으로 학습에 참여했다.

반면에 교사인 나는 학교 곳곳에서 진행되는 촬영 탓에 모둠별로 안전을 살피느라 눈이 핑핑 돌 지경이었다. 그래도 아이들이 신나게 학교를 누비며 즐겁게 활동하는 모습을 보니 피곤함도 잊을 수 있었다. 평소 공부에 흥미 없는 아이들은 물론이고 소극적인 아이들까지 적극적으로 참여하는 모습에 절로 미소가 지어졌다. 그렇게 2주간의 프로젝트가 무사히 끝났다. 일탈 행동을 하는 녀석들 때문에 큰소리가 한 번 나긴 했지만 그래도 비교적 만족스러웠다.

마지막 수업 때는 영상을 보며 평가회를 했다. 배운 내용이 광고에 잘 반영되었는지, 친구들이 자신의 역할을 충실하게 잘 해냈는지, 내용이 참신하고 재미있는지 등등 각 모둠의 광고 내용을 하나하나 살피는 것도 아이들의 몫이었다.

마침내 TV 스크린에 아이들의 영상이 하나씩 개봉되었다. 여기저기서 웃음소리가 터져 나왔다. 조용해졌다가 갑자기 웃음소리가 커지기를 반복하며 우리만의 즐거운 시간이 흘러갔다.

아이들의 광고는 '고생 끝에 낙이 온다 - 시험 기간 참고 열심히 공부하면 좋은 날 온다', '까마귀 날자 배 떨어진다 - 의심받을 행동은 하지 말자!', '끼리끼리 어울린다 - 친구를 잘 사귀자!' 등등 기획했던 의도대로 메시지를 담아 잘 제작되었다.

수업 시작 전 가졌던 걱정은 이번에도 역시 기우가 되었다. 영상을 다 본 후에는 동료평가를 해 보았다. 각자의 모둠에서 친구들이 어떤 역할을 해 주었고 칭찬할 만한 점과 개선할 점이 있었는지 돌아보는 시간이었다. 아이들은 친구들이 써 준 평가서를 읽고 어깨가 으쓱하기도 했고, 반성의 시간을 갖기도 했다. 최고의 협력자와 우수 연기자를 뽑아서 상을 주는 시간도 가졌다. 그것 또한 아이들에게 자신감을 심어 주었다. 문득 이렇게 학습의 전 과정을 자신과 동료, 교사에 의해 바로 평가받는 것이 진짜 평가가 아닐까 하는 생각이 들었다.

다양한 수업을 시도하다 보면 아이들의 색다른 모습을 보게 되는 경우가 많다. 잘할 것이라고 전혀 생각하지 못했던 아이가 두각을 나타낼 때는 나도 모르게 눈이 커졌다. 교실에서 정해진 공부만 할 때는 전혀 눈치 채지 못할 아이들의 재능이 곳곳에서 튀어나올 때 마치 신대륙이라도 발견한 듯 행복해진다. 그런 재능들은 놓치지 않고 칭찬하는 한편 생활기록부에도 꼭 적어 준다. 덕분에 아이들의 생활기록부에는 공부 머리가 없는 학생들의 활약상이 들어갈 때가 많다.

프로젝트 수업은 현실적 어려움 때문에 언제나 망설임 속에서 시작되지만 결론적으로 나에게도 아이들에게도 늘 옳은 수업이다. 학습 주도성, 숨겨진 재능 발견, 관계 속에서 배우는 협력, 수업의 생동감, 배움의 즐거움, 배움에 임하는 올바른 자세 등 우리에게 많은 것을 가져다주기 때문이다.

한 번쯤은 용기 내 보자! 아이들이 스스로 배울 수 있도록, 배움의 기회를 열어 탐구하도록 기다려 준다면 아이들은 다른 즐거운 배움을 경험하며 또 한 번 성장할 것이다.

삶을 수업으로 끌어들이기

'학교'와 관련된 단원에 대한 교과 내용은 늘 고민거리였다. 딱딱한 단어들 때문에 가장 재미없는 부분이기도 해서 실생활에 활용하는 단어를 가르치는 정도였다. 좀 더 깊이 들어가 문법적인 사항을 가르친 후 그 단원을 마무리하곤 했다. 사실 여기까지 가르치면 교육과정에서 요구하는 성취 기준은 달성한 것이나 마찬가지다. 늘 이 방식으로 가르치던 교과의 내용이 어느 때는 지겨워서 빼먹기도 했고, 또 어느 때는 지식 전달하기에만 급급할 때가 많았다.

그러다가 '가르치는 나도 재미없고 아무런 의미도 없는데 과연 아이들은 뭘 배울까? 단어 몇 개 외우고, 문법을 배우면 학교라는 의미에 대해서 잘 배우는 것일까?'라는 생각이 꼬리에 꼬리를 무는 통에 수업 고민에 빠져들기 시작했다. 과연 아이들에게 학교는 어떤 곳일까? 우리 학교는 아이들에게 어떤 의미일까? 이런 고민이 생기는 것을 보면 교사 교육과정의 시도가 필요한 시점이 아닐까 싶다.

교사 교육과정이란 학생의 삶을 중심으로 교육과정에 기반을 두고 학생과 현장에 맞는 내용과 방법을 통하여 교육과정을 재구성하는 것을 말한다. 기존의 교과서 내용 전달 위주의 수업에서 벗어나 학생이 참여하여 자기 생각을 표현하는 배움 중심수업이 요구된다.

가르치는 내용에 대해 고민한 끝에 아이들의 삶 속에서 학교에 관해 이야기할 기회를 만들어 주고 싶었다. 그러기 위해서는 활자에 담겨 있는 내용을 뛰어넘어 아이들의 사고를 끌어내 주고 학교의 여러 문제를 해결하도록 여지를 던져 줄 필요가 있었다.

이를 위해 교육과정을 새로 구상하고 비주얼 씽킹[24] 방식을 이용하여 학교에 관한 이야기해 보기로 하였다. 그림으로 생각을 표현하는 작업이라 별다른 부담 없이 창의적으로 표현할 수 있었다.

모둠별로 둘러앉아 학교에 대한 자신들이 생각을 간단한 그림으로 표현해 보았는데 처음에 말하기 주저하던 아이들도 우리 학교의 좋은 점과 개선할 점 등을 자유롭게 이야기하면서 학교에 대한 저마다의 생각을 펼쳐 나갔다. 아이들의 그림 속에는 수많은 내용이 담겨 있었다. 넓고 큰 운동장, 푸른 숲, 좋은 선생님, 친구들, 새 교실, 체육

---

24 'visual'과 'thinking'의 결합어로 시각적 사고, 즉 머릿속에 저장된 수많은 시각 자료를 글과 그림으로 꺼내어 생각하도록 돕는 전체의 과정을 의미한다. 『행복한 교실 수업을 위한 비주얼 씽킹 교과서』(영진닷컴, 2018) 참조.

대회 등 아이들이 좋아하는 것들로 채운 것을 보니 그림에서도 학교를 생각하는 마음들이 오롯이 느껴졌다.

그다음은 학교의 문제점에 관한 이야기였다. 아이들만의 시선으로 자신들이 느끼는 문제점을 그림으로 표현해 냈다. 내용도 가지각색이었다. '급수대에서 이상한 냄새가 나요, 교복이 너무 불편해요, 선생님들이 재미있는 수업 많이 해 주셨으면 좋겠어요, 수학여행 갔으면 좋겠어요, ○○○ 선생님 차별이 심하고 너무 불친절해요, 화장실에 휴지를 마구 버려서 엉망이에요, 급식이 맛이 없어요, 사복 입는 날 있으면 좋겠어요' 등 솔직한 의견들이 쏟아져 나왔다.

아이들은 모둠별로 만든 내용을 학급 친구들과 공유하였다. 앉아 있는 친구들은 자신들의 의견과 비슷한 것이 나오면 크게 호응하는 등 즉각적인 반응을 보이기도 했다. 아이들 곁에 앉아 조용히 발표 내

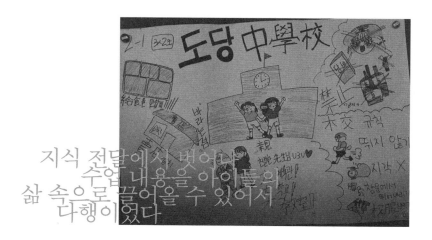

지식 전달에서 벗어나
수업 내용을 아이들의
삶 속으로 끌어올 수 있어서
다행이었다

용을 경청하는데, 한참 듣다 보니 미처 알지 못한 문제점들에 조금 당황스럽기도 했다. 특히 선생님들의 불친절에 관한 이야기나 수업 이야기에서는 교사가 반성해야 할 부분이 적지 않아 보였다.

한 시간 동안 이어진 학교에 관한 이야기는 토론으로 이어졌다. 급기야 학급에서 해결되지 않는 문제들은 학생회로 의견을 전달하여 개선하도록 요청하기까지 했다. 더불어 아이들은 불만이 있어도 소통하여 해결할 창구가 없다는 사실도 알게 되었다.

지루하기만 했던 수업 내용이 교육과정 재구성으로 아이들의 삶 속으로 들어왔고 덕분에 학교를 변화시킬 수 있는 큰 에너지가 만들어졌다. 자신들의 적극적인 참여를 통해 학교의 문제점들이 하나씩 개선되어 가는 것을 체험하면서 아이들은 어떤 마음가짐을 갖게 될까?

우리는 오랫동안 학교에 다니면서도 학교에 대해 이야기하지 않고 살고 있다. 학교는 그냥 때가 되면 다니는 곳이었으니 말이다. 하지만 아이들에게 학교의 의미가 여전히 교과서 속 내용일 뿐이라면 과연 아이들이 학교의 주체로 살아갈 수 있을까? 지식 전달에서 벗어나 수업 내용을 아이들의 삶 속으로 끌어올 수 있어서 다행이었다.

나 또한 아이들의 삶과 연결된 교육에 관해 고민할 수 있었던 의미 있는 수업이었다. 배움 속에서 아이들이 삶을 변화시키고 주체적으로 사고하고 행동할 힘을 길러 갈 수 있도록 늘 수업을 고민하는 교사이고 싶다.

배움 중심수업

배움 중심수업은 혁신학교의 수업 모델처럼 여겨지고 있지만 특별한 수업 방법이나 모델이 아니라 수업에서 학생들의 배움과 성장이 구현될 수 있도록 해 주는 학생 중심수업이다. 예전의 교사는 지식 전달자였으며 학생은 그저 지식을 흡수하는 수동적인 존재였다. 그러나 배움 중심수업에서는 역할의 변화가 뚜렷하다. 교사는 수업 촉진자 및 안내자가 되며 학생은 스스로 학습을 계획하고 주도적으로 삶의 문제를 해결해 가는 주체자의 모습으로 전환된다.

혁신학교에서 시도하는 협동학습, 개별화, 프로젝트, 하브루타, 플립 러닝, 비주얼 씽킹 등의 수업 모델들이 배움 중심수업의 목적으로 행해지고 있는 한 형태이다. 정해진 유형이 아니라 철학을 지향하며 교사가 주도적이고 자율적 성찰을 통해 실천하는 수업 또는 강의식 수업이라도 앞서 언급한 내용을 담고 있다면 배움 중심수업이라고 할 수 있다.

단순히 수업 방법과 기술의 변화를 목적으로 도입된 것이 아니라 수업과 학교교육 전반에 대한 성찰을 통해 '교육의 목적은 무엇인가?', '학교란 어떤 곳인가?', '학생은 어떤 존재인가?', '수업과 배움의 의미는 무엇인가?'에 대한 인식 변화를 바탕으로 수업의 근본적 변화를 꿈꾸는 교육운동으로 전개되었다.

초기에는 교사의 가르침에 집중되어 있던 수업을 학생의 배움, 즉 학생의 자기 생각 만들기에 주력하는 '수업 혁신' 운동으로 학생과 교사 모두가 행복한 배움을 위한 '교실 혁신', 새로운 학교 문화를 만들기 위한 '학교 혁신', 교육활동을 지원하기 위한 '행정혁신'과 '제도혁신'을 이끌며 교육 시스템을 근본적으로 바꾸려는 혁신교육의 핵심을 상징하였다.

출처 : 2020 경기도교육청 쉽게 알아보는 배움 중심수업

개별화 수업

개별화는 학생들 개개인의 학습 특성이 다르다는 전제 하에 이루어지며 개별화 수업은 학습자 개개인의 특성을 반영한 수업으로 교사들은 학생들의 준비도와 관심사 또는 학습 특성에 기초하여 학습 내용, 학습 방법과 평가, 학습 환경을 개별화할 수 있다.

개별화 수업은 몇 가지 공통적인 특징을 가진다. 학습자와 학습을 적극적으로 지원하는 환경, 학습을 지원하도록 구성된 교육과정, 학습 준비도나 흥미, 학습 양식을 토대로 학습 내용이나 과정, 결과물이 바뀔 수 있다. 또한 교사는 학생들의 차이에 관심을 가지고 적극적으로 보살피며 집단 기준과 개인 기준 사이에서 균형을 찾아야 한다. 교사와 학생이 유연하게 협동하는 것도 특징적인데 학습 시 교사와 학생이 협력하여 해결점을 찾는다. 하지만 평가와 수업은 불가분의 관계에 있다.

획일적인 교육의 대안으로서 주목받고 있다. 주입식 교육이나 실생활과 접점이 없고 사회와 동떨어진 교육, 훈련 중심의 교육에서 벗어나 창의적이고 흥미로우며 경험이 중심이 되는 교육은 민주주의 이념을 추구하는 교육의 연장선에 있다.

획일적인 교육으로 학생들을 똑같이 다루는 것이 공정하게 보일 수도 있지만 모든 학생에게는 차이가 존재하므로 불공정한 교육일 수밖에 없다. 개별화 교육은 이러한 기존의 틀을 벗어난다. 학생들은 저마다 의미 있는 아이디어와 주제, 학습 자료 등을 실생활에서 찾아 교실로 가져오는 한편 자신만의 학습 양식에 따라 다양한 방법으로 해결하면서 각양각색의 학습 결과물을 창출하고 창의력과 학력이 함께 향상된다.

출처 : 『개별화 수업1(실천편)』(한국뇌기반교육연구소, 2019),
『개별화 수업: 이해와 적용』(교육과학사, 2005)

협동학습

협동학습은 전통적인 경쟁학습 구조와 개별학습 구조가 가진 인지적 효과의 한계를 극복하기 위한 대안으로 등장하였다. 각 반의 학생들이 동일한 학습목표를 향해 함께 활동하는 수업 방식으로 학습 효과를 극대화하기 위해 학생들이 서로 함께 학습하도록 소그룹을 사용하는 전략을 취한다. 쉽게 말해 소그룹에 소속된 학생들이 다른 구성원들과 협력하도록 구조화된 교수 학습 방법이다.

전통학습에서는 성적 우수자 또는 외향적인 성향의 학생들이 주도권을 가지고 학습에 참여하여 두드러져 보이면서 나머지는 구경꾼으로 전락하는 경향이 있었다. 또 그룹학습에서는 혼자 하는 것보다 다양한 의견을 듣고 참여를 유도하기는 하지만 노력 없이 성과를 얻는 무임승차자가 발생할 수 있다. 그러나 협동학습에서는 앞선 학습법에서 나타난 경쟁과 무임승차를 최대한 줄이고 모든 학생에게 기회를 주고 참여하도록 하는 학습법이다.

서로 도움이 될 수 있도록 상호 이익과 발전이 있어야 하며 개인의 책임과 역할이 분명해야 하고 동등한 참여 기회의 제공과 학습 전체가 동시다발적으로 상호작용을 해야 한다는 케이건의 네 가지 협동학습 원리를 기본으로 삼는다.

수업 시 내용 전달이나 나누는 법에는 여러 방법이 있는데 어느 그릇에 담아 아이들에게 보여줄지에 포함되는 것이 구조이며 크게 6가지(모둠 세우기, 학급 세우기, 암기숙달, 사고력 신장, 의사소통, 정보 교환)로 구분하여 수업에 적용해 볼 수 있다. 수업 모형은 과제 중심, 보상 중심, 교과 중심, 구조 중심, 기타 협동학습으로 구분한다.

출처 : 『바로지금 협동학습』(테크빌교육, 2013), 『협동학습1』(한국협동학습센터, 2012)

블렌디드 러닝

블렌디드 러닝(Blended learing) 교육과정은 온·오프라인을 병행하면서 학생의 삶과 연계시키는 교육과정을 의미한다. 성취기준 재구성을 통해 온·오프라인의 맥락화된 학습 경험을 제공하고, 학생 맞춤형 학습 설계 및 피드백을 강화하여 학생주도 학습을 지원하는 교육이다.

4차 산업혁명에 따른 과학기술의 발달, 이러닝 플랫폼의 급속한 확대라는 사회문화적 상황과 더불어 팬데믹으로 인해 등교 수업과 원격수업이 병행하면서 더욱 주목받고 있다. 이 방식은 학생의 학력 격차 심화 해결 요구와 학생참여형 배움에 대한 교육적 필요, 시공간을 초월한 다양한 형태의 학습요구를 충족시키는 수업형태로 평가받는다. 학생들 역시 유의미한 학습을 스스로 만들어 갈 수 있는 성장 가능성을 자각한 데다 교사관 역시 단지 지식 전달자가 아닌 배움과 성장의 촉진자, 멘토 및 상담자, 교육과정 자율성을 가진 전문가로 변화하며 블렌디드 러닝의 발판이 마련되었다. 궁극적으로는 학생주도 학습의 행복한 배움과 성장을 위해 온·오프라인을 병행하는 교육과정 및 수업-평가 설계가 뒷받침되어야 할 것으로 보인다.

온라인수업은 실시간 원격 교육 플랫폼을 활용하여 교사와 학생 간 화상 수업을 시행하고, 실시간 토론 및 소통이 즉각적으로 가능한 실시간 쌍방향 수업 유형과 지정된 학습 콘텐츠를 시청하고 교사가 학습 내용을 확인하고 피드백하거나 콘텐츠 시청 후 댓글이나 원격 토론을 진행하는 콘텐츠 활용 중심수업 유형, 교사가 온라인으로 교과별 성취기준에 따라 학생의 자기 주도적 학습 내용을 맥락적으로 확인 가능한 과제로 제시하고 피드백하는 과제 수행 중심수업 유형으로 나눌 수 있다.

출처 : 『경기 블렌디드 러닝의 이해』(경기도교육청, 2020)

PART 4

교사, 어떻게
학교를
변화시키는가

내 생애 가장 의미 있는
수업 공개

    우리 학교에는 기간제 선생님이 몇 분 근무하고 있다. 그중 이 선생님은 임용고사 전까지 근무하기로 한 분이었고 일주일 후면 계약 기간을 마치고 학교를 떠날 예정에 있었다. 2학년 담임을 같이하면서 아이들 지도 문제로 고민을 공유하며 끈끈한 동료애가 생기게 되었고 덕분에 더욱 가까운 사이가 되었다. 그런 이 선생님이 간곡한 눈빛으로 부탁을 해 왔다.

    "제가 학교 떠나기 전에 부장님 수업 한번 볼 수 있을까요?"

    "네? 오늘이요? 이렇게 갑자기요?"

    나는 당황한 기색으로 이 선생님을 쳐다보았다. 사정을 들어보니 이 선생님에게는 남모를 고민이 있었다. 기간제 교사로 근무하면서 몇 년째 임용고사에 응시하고 있었는데 늘 2차 수업 시연에서 낙방의 고배를 마셨던 것이다. 그런 사연을 들으니 예전에 힘들게 공부했던 내 과거의 모습이 떠올라 더욱 안타까울 수밖에 없었다. 뭔가 도와주고 싶었지만 고민만 하고 있던 차에 부탁을 받은 것이었다.

너무 갑작스럽게 부탁을 받고 나니 어떻게 해야 하나 머릿속이 복잡했다. 오늘은 준비가 안 되었으니 따로 날짜를 잡아 준비된 모습을 보여주자 싶어 달력을 들었다. 하지만 이 선생님이 학교에 있는 동안에는 행사가 너무 많아 따로 시간을 내기란 불가능했다. 그렇다고 이 선생님의 간절한 부탁을 거절할 수 없어 고민 끝에 용기를 내 전화를 걸었다.

"이 선생님, 2교시에 바로 내려오세요. 그 대신 잘 못한다고 흉보면 안 돼요!"

"네, 감사합니다. 정말 감사합니다."

전화기 너머로 이 선생님의 기뻐하는 모습이 보이는 듯했다. '아! 오늘 아이들 상태가 좋아야 할 텐데… 후배 선생님 앞에서 괜히 창피만 당하면 어떻게 하나' 하는 걱정이 앞섰지만 고민할 새도 없이 바로 2교시 수업 종이 울렸다.

그날 수업은 마침 학생 중심활동으로 진행된 협동학습 수업이었다. 아이들에게 수업의 내용을 차분히 설명하고 수업 규칙을 안내한 후 바로 수업에 들어갔다. 아이들은 각 분단에서 서로 가르쳐 주며 문제를 해결해 나갔다. 부족한 친구들을 이끌어 주고 서로 질문도 하면서 시끌벅적하게 한 시간을 보냈다. 아이들은 이 선생님이 교실에 계신 것과 상관없이 평소처럼 활발하게 수업에 임했다.

수업이 진행되는 동안 이 선생님은 모둠을 차례대로 돌며 관찰한 것을 열심히 메모했다. 마지막까지 아이들 모습을 한 명씩 살펴보며 눈에 담는 모습이 인상적이었다. 내게 좋은 수업이란 아이들이 배우면서 즐기는 수업이다. 그런 관점에서 이번 수업이야말로 좋은 수업 중 하나였고, 이 선생님이 학생 중심수업의 본보기로 관찰하기에도 안성맞춤이었다.

갑작스럽게 하게 된 수업 공개여서 내심 떨까 봐 걱정했는데 다행히 별일 없이 한 시간이 후다닥 지나갔다. 후배 선생님의 배움에 대한 열정 덕분이었는지 오랜만에 보람 있었고 수업을 마치고 나서는 후련하기까지 했다. 교직 경력과 수업 경력이 많은 나에게도 언제나 수업 공개는 떨림인가 보다.

우리는 점심시간에 만나 수업 나눔 협의를 진행하였다. 수업 소감뿐만 아니라 본 것, 깨달은 것, 적용할 것 등을 솔직하게 말해 달라고 요청하였는데 괜히 후배 선생님에게 평가받는 시간인 것 같아 살짝 긴장되기도 했다. 이 선생님은 수첩 가득 메모한 것을 하나씩 들려주었다. 학생 중심수업 방법, 아이들의 분위기, 교사의 허용적인 태도, 자세하게 안내하는 수업 등이 인상적이었다고 말해 주었고 자신의 수업에서 무엇이 부족한지 알게 되었다는 말도 덧붙였다.

"부장님, 저 오늘 정말 많이 배웠어요."

이 선생님은 희망적인 얼굴로 나에게 말했다.

"그래요? 다행이네요."

걱정했던 마음이 풀리듯 웃으며 내가 대답했다.

"저 배움 중심수업이 무엇인지 알 거 같아요. 저도 제 수업에 적용해 보고 싶어요."

이 선생님은 한껏 상기된 얼굴로 자신감을 내비쳤다.

수업 공개 후 이 선생님에게 도움이 되고자 또 다른 제안을 했다.

"이 선생님, 내가 선생님 수업을 한번 봐도 될까요? 어떤 점이 문제인지 봐 주고 싶은데……."

수업 공개가 워낙 부담스러운 일이라 조심스럽게 제안했다. 이 선생님은 흔쾌히 그렇게 해 주면 감사할 것 같다며 수락했다.

약속한 날짜에 이 선생님의 수업을 참관했다. 임용고사 자료를 참고해 수업 시연에 포인트가 될 만한 것들을 찾아내어 수업을 세세히 관찰했다. 동료 선생님이 아니라 감독관의 눈으로 수업을 살펴보니 색다른 느낌이 들었고 재미있는 경험이기도 했다. 수업 기획 내용, 아이들과 소통하는 장면, 교사의 언어 등 여러 가지가 눈에 들어왔고 그 내용은 빠짐없이 수첩에 한가득 메모해서 이 선생님에게 들려주었다. 그 뒤로도 우리는 수업에 대한 고민과 면접 연습을 하기 위해서 몇 차례 더 만났다.

현재 혁신학교에서는 일상적인 수업 공개를 목표로 배움 중심수업을 실천해 가고자 한다. 이는 교사 개인 및 협력적 성찰을 통해 배움 중심수업이 잘 이루어지도록 하고자 함이다. 전문적 학습공동체 운영 체제에서도 수업 개방과 성찰을 통해 교사들의 수업 역량을 강화할 뿐만 아니라 공동으로 수업을 연구하고 실천함으로써 전문성을 신장하고자 한다.

여기에는 수업의 문제와 고민을 찾아 해결하기 위해 노력하는 일련의 과정으로 개별 및 협력적 성찰이 모두 포함되며 수업 전, 수업 중, 수업 후의 성찰로 이루어진다. 예전의 장학과 달리 지지와 격려의 분위기 속에서 진행된다. 수업을 학생의 배움 중심에서 바라본 후 수업협의회를 운영하고 수업 성찰, 동료와 수업 대화 등을 실행하고 있다. 이러한 과정을 통해 교사의 철학적 고민과 협력적인 성찰 나눔 활동은 결국 수업, 평가, 교육과정으로 환류되어 배움 중심수업의 지속적 실천을 가능하게 한다.

그러나 여전히 학교 현장에서는 의무적이고 비자율적인 수업 공개 속에서 교사들은 압박을 느끼고, 수업 성찰과 나눔이 아닌 수업 지적과 관리자 및 동료평가 속에서 상처받기 일쑤이다. '혁신학교의 수업 공개가 이렇게 일상적으로 자연스럽게 진행될 수 있다면 얼마나 좋을까? 이런 자발적인 공개로 교사들이 서로 성장할 수 있다면 얼마나 의미가 있을까?' 하는 생각을 해 보았다.

이번에 가졌던 일상적인 수업 공개는 그동안 수업 공개에 대해 쉽게 용기 내지 못했던 내 모습을 돌아보게 하는 계기가 되었고 교사의 진정한 배움은 자발성과 용기에서 비롯된다는 것을 알게 해 준 고마운 시간이었다.

겨울방학 때쯤 이 선생님으로부터 한 통의 전화가 걸려 왔다.

"부장님, 저 합격해서 인천으로 발령받았어요. 첫 월급 타면 밥 사 드릴게요."

야호! 우리는 둘 다 전화기에 대고 환호성을 질렀다. 이 선생님의 전화를 받는 순간 내가 임용고사에서 합격한 것처럼 뛸 듯이 기뻤다. 어둡고 긴 터널을 빠져나온 느낌을 겪어 본 사람은 알 것이다. 마치 내 일처럼 기뻤고 축하해 주고 싶었다.

수업 공개를 통해 자신감을 얻고 배운 것은 이 선생님뿐만 아니라 나도 마찬가지였다. 교직 사회에서 베푸는 선배 교사로서 살 수 있다는 것만으로도 진심으로 행복했다. 일상 수업을 나눈 시간 덕분에 내가 선배 교사로서 해야 할 일을 선명하게 알게 되었다. 앞으로 후배 교사들의 멘토가 되어 선한 영향력을 미치는 사람으로 살아야겠다는 새로운 꿈을 꿔 본다.

전학공!
안 하면 안 되나요?

어느 학교든 '전문적 학습공동체(이하 전학공)'[25]라는 단어 앞에서 선생님들이 가장 많이 던지는 질문이 있다. "전문적 학습공동체 안 하면 안 되나요?"라는 질문이다. 도대체 전학공이 무엇이기에 선생님들이 이토록 꺼려하는 걸까?

이전까지 개별적 전문성 신장과 교사평가에 의존했던 교원 정책, 장학 정책, 교사 재교육 시스템은 학교 변화에 크게 이바지하지 못했다는 평가가 있었다. 이에 따라 집단 성장과 학교 역량 강화 방안을 모색하게 되었는데 그 방법으로 제시된 것이 바로 전학공이다.

학교 혁신의 키워드로 등장한 전학공은 학교 조직을 협력적 공동

---

25 전학공은 전문적 학습공동체의 줄임말이며, 교직원들의 동료성을 강화하여 협력적인 연구와 실천 과정을 통해 함께 성장하는 학습공동체로서의 학교 조직을 의미한다. 각 시도별 다른 명칭을 사용한다.

체 성장 시스템으로 전환하여 학교의 자율 역량을 강화하고 개인주의적 교직 문화와 관료주의를 극복하여 교육적 권위와 공동체성을 회복하기 위한 과제였다.

이를 위해서는 교원의 개별적 전문성에 의존하던 방식에서 벗어나 개방과 협업의 교직 문화 형성, 학교집단 역량 향상 요구 등 학교 현장의 문제를 해결하기 위한 실행 연구의 필요성이 대두되었다.

따라서 학교 구성원의 동료성을 기반으로 한 학습공동체 운영으로 학교를 학습 조직화하고, 공동 연구, 공동 실천을 통한 동반 성장과 집단 지성의 전문성을 신장하며, 교육과정, 학교 문화, 현안 중심 운영으로 학교 자치 역량을 강화하는 것이다. 또한 전학공을 기반으로 학교 자율 역량을 길러 학생이 행복하게 성장할 수 있도록 하는 것이 궁극적인 목표이다.[26]

그러나 앞선 질문에서 알 수 있듯이 전학공은 여전히 선생님들 사이에서는 뜨거운 감자로 남아 있다. 교육청에서는 직무 연수 인정 또는 강제적인 시스템 속에 교사들이 공동 연구와 실천을 도모하도록 하고 있으나 제대로 운영하는 학교가 얼마나 되는지는 알 수 없다. 선생님들의 자발성도 부족하거니와 그 이유와 목적을 모른 채 운영되고 있는 학교가 많기 때문이다.

게다가 언제나 그렇듯 교사들은 바쁘다고 말한다. 지친 일상에서

---

[26] 『궁금하면 펼쳐보는 학교 안 전문적 학습공동체 Q&A』(경기도교육청, 2020)

그저 쉬고 싶은 마음도 충분히 이해한다. 공부보다는 잠깐 차나 마시면서 수다를 떨고 싶은 사람들이 대부분이라는 것도 잘 안다. 때문에 일반 학교를 비롯해 혁신공감학교나 혁신학교 어디나 전학공에 대한 인식과 실천 의지는 엇비슷했다.

혁신학교에서조차 이런 모습이라면 학교 문화 개선 및 현안 해결의 여지가 없다. '어떻게 하면 선생님들이 즐겁게 연구하는 문화를 갖게 할 수 있을까?' 혁신교육부를 맡고 나서 제일 먼저 뜯어고치고 싶었던 일이 바로 이 전학공 문화였는데 마침 깊이 생각해야 할 질문이 던져진 셈이었다.

그저 수다나 떨면서 의미 없는 시간으로 보내기엔 학교에서 교사들이 공동으로 해결해야 할 일이 너무 많았다. 고질적인 문제들을 해결하기 위해 4가지 핵심 사안에 기초하여 일을 진행하기로 했다. 그리고 이것이 우리가 전학공을 책임감 있게 운영하는 열쇠가 될 것으로 생각했다.

4가지 핵심 사안은 다음과 같다.

첫째, 인원이 너무 많아 효율성이 떨어지는 것을 해결할 것

둘째, 자발성을 가질 수 있도록 모두가 리더가 될 수 있도록 할 것

셋째, 공동 연구, 실천한 내용을 서로가 공유할 수 있도록 할 것

넷째, 전학공의 날을 고정해 중요한 날로 인식시킬 것

전학공 운영 첫해에 우리 학교는 60명이나 되는 교사가 학년별로만 활동하다 보니 돌아가면서 한마디만 해도 전학공 시간이 끝나버리

는 비효율적인 체제였다. 이 문제를 해결하기 위해 학년별 시스템은 고정하되 나머지 팀은 주제별로 운영할 수 있도록 재조정하였다. 이렇게 해서 세 개뿐이었던 전학공이 총 여섯 개로 분리되면서 효율적이면서 전문적인 성격을 갖추게 되었다.

또한 지금까지 우리 학교에 없었던 리더제를 도입했다. 전학공에서 담당자뿐만 아니라 모두가 리더가 되어 1회씩은 주제를 맡아 자신이 책임 있게 운영하는 것이다. 처음에는 '내 일도 아닌데 제가 왜 리더가 돼야 하나요?' 등의 불만 섞인 목소리들이 터져 나왔다. 하지만 시간이 지나면서 이런 리더 운영제가 책임감뿐만 아니라 자발성을 기르는 데도 효과적임을 알게 되었다. 수동적으로 남이 이끄는 대로만 움직였던 선생님들이 자신이 맡은 부분을 운영하기 위해 열심히 연구하고 준비하는 책임감 있는 모습으로 바뀌었다.

마지막으로 전학공 실천에 박차를 가하기 위해 어떤 연구와 실천을 하였는지 공유하는 컨퍼런스 시간을 가졌다. 이런 프레임을 통해서 선생님들은 전학공 시간을 알차게 보내게 되었으며 공동으로 진행한 연구들이 교육과정 속에서 구현되는 모습들을 함께 살펴보았다. 예상외로 실천 사례를 공유하는 시간을 통해서 열심히 참여한 흔적들을 엿볼 수 있었고 많은 성과가 돋보여서 놀라웠다.

첫해에 교실 혁신 전문적 학습공동체의 리더를 맡았다. 교실에서의 수업과 생활 지도 등에 관한 내용으로 학생 중심교육을 실천하는 전학공이었다. 독서, 원격, 상담, 환경 수업 등 선생님들이 가지고 있는 다양한 소스들을 함께 공유하면서 배움의 시간을 가졌었다. 모임을 진행할수록 학생에 대한 고민과 이해의 시간도 깊어 갔다. 나아가 학교에 대한 고민도 함께하게 되었고 선생님들의 수업 고민을 들으면서 서로의 아픔을 이해하고 응원해 주기도 했었다. 전학공을 마무리할 때는 함께한 시간만큼 끈끈한 동료애를 가진 선생님들을 얻게 되었다.

정년을 앞둔 선생님께서 조용히 다가오시더니 "선생님, 전학공이 이렇게 재미있는 줄 몰랐어요."라고 말씀하시는 것이 아닌가! 나는 이 말을 통해 우리가 함께 가는 이 길이 틀리지 않았다고 확신했다.

혁신학교가 도입되면서 전학공 시스템은 더욱 강화되고 있다. 교사들의 집단 지성으로 학생들을 잘 가르치기 위해 공동으로 연구하고 실천하도록 하는 것이다. 그러나 자기 교실에서 혼자 갇힌 채 좀처럼 빠져나오지 않는 교사들은 공동의 연구와 협의를 두려워한다. 교사는 혼자서도 자기 반 또는 자기 교과의 수업을 책임지고 가르치면 그만일 뿐이다. 동료와 소통과 연구 없이도 혼자서 모든 것을 해낼 수 있다. 하지만 이러한 고립된 구조는 교사의 전문성을 약화시키고 교육활동에서 파생되는 모든 문제점을 교사가 오롯이 책임져야 하는 악순환을 만들었다.

"밖에 나가서 차 마시면서 운영하면 안 되나요?"

"할 일도 많은데 시간을 줄여 주면 안 되나요?"

"교육 말고 같은 취미로 운영하면 안 되나요?"

"꼭 해야 하는 건가요?"

여전히 교사들은 위와 같은 질문을 안고 산더미 같은 업무와 주어진 전학공 시간 사이에서 갈등하고 있다. 일과 후 나머지 시간에 아이들을 위해 공동으로 연구하고 실천하고 싶어도 에너지가 없다. 하지만 그렇다고 해서 항상 바쁘다고 불평만 하며 혼자만의 교실에서 자신의 것만을 고집할 것인가에 대해서 고민해 봐야 하지 않을까.

나 역시 전문적 학습공동체가 제도적으로 정착되기 전까지는 우물 안 개구리였다. 내 학급만 잘 운영하면 된다고 생각했고 내 교과 수업에서 혼자 최고가 되려고만 했던, 어쩌면 이기적인 교사로 살아왔다. 다른 교사들의 고민을 들어볼 마음이 없었고 오로지 나에게만 집중하며 살았는지도 모르겠다. 전학공을 통한 성장의 경험은 공동의 비전을 향해 연구하고 실천하는 교사의 삶으로 나를 변화시켰다.

혁신부장으로 우리 학교 전학공 시스템을 바꾸고 운영해 온 지 2년이 지났다. 학교 변화를 위해 함께 고생해 준 선생님들 덕분에 그해 겨울, 우리 학교는 '혁신학교 전문적 학습공동체 우수 학교교육감' 표창을 받았다. 꼭 표창 때문은 아니지만, 선생님들과 함께 열심히 참여했던 2년의 세월이 보상되는 것 같아 무척 보람되고 행복했다.

학교는 더는 교사 혼자만의 영토가 아니다. 아이들 또한 나 혼자만의 아이들이 아니다. 학교의 가장 기본적인 목적은 학습 성취이다.

따라서 학생들은 배워야 할 것들을 성취해야 하고 교사들은 아이들이 목표에 도달할 수 있도록 공동으로 연구하고 협력해야 한다. 학생의 온전한 배움과 성장을 위해서는 교사들의 집단 지성을 통한 협력 문화가 반드시 필요하고, 그것을 위해 전학공은 의미 있는 협력체가 될 것이다.

그러나 아직도 많은 교사가 교실이라는 어두운 동굴 속에 혼자 있다. 하지만 그 외로운 시간을 끝낼 수 있는 것도 교사라는 사실을 기억했으면 좋겠다. 전학공 속에서 선생님들과 수업을 이야기하고, 학생들의 삶과 교육을 이야기하면서 성장하는 교사로서의 삶을 살아 보는 것은 어떨까?

교사들이 교실 밖으로 나와서 동료 교사와 협력할 때 배움의 힘은 커진다. 그리고 그 열정이 아이들에게 건강하게 전달될 것이라고 굳게 믿는다.

일곱 빛깔 무지개가 떴습니다

혁신부장이 되고서 혁신교육동아리를 조직했다. 혁신교육을 공부하기도 하고, 그 동력을 바탕으로 학교의 문화를 개선하기 위해 실천하는 모임이다.

"저도 무지개 동아리에 들어가면 안 될까요?"

"아, 네…. 그게 좀 다른 선생님이 불편해할까 봐요."

작년에 이어 올해도 최 선생님의 부탁을 거절하기가 참 난감했다. 결국 간곡한 부탁에 동아리 회원으로 받아들였다. 동아리 모임이 시작되는 첫날, 선생님들의 지원 사유를 들으며 찌릿찌릿한 전율을 느꼈다. 또한 작년에 혁신교육동아리를 운영하면서 여러 선생님께 많은 영감을 주었다고 생각하니 보람도 있었다.

"학교를 위해 무언가 해 보고 싶은 생각이 들어서 지원했습니다."

"혁신 부장님과 같이 일하고 싶어서 왔습니다."

"동아리를 통해서 교사로서 성장하고 싶어서 지원했습니다."

"작년에 보니 학교를 위해 많은 일을 하는 것 같아서 저도 참여해 보고 싶었습니다."

"정말 들어오고 싶어서 1년간 졸랐는데 이번에 혁신 부장님이 허락해 줘서 들어왔습니다. 열심히 하겠습니다."

마지막으로 지금까지 계속 입회를 거절당했던 최 선생님이 웃으며 말했다. 최 선생님은 다름 아닌 우리 학교의 교장 선생님이셨다. 교장 선생님은 첫해부터 동아리 입회 의사를 밝히셨지만 다른 선생님들에게 위화감을 줄 수 있어 입회를 거절했었다. 그런데 올해 또 이렇게 동아리 문을 두드리셔서 그 열정을 외면할 수 없었다. 선생님들은 다소 불편한 마음도 있었겠지만 기꺼이 환영의 박수로 맞이해 주셨다. 이렇게 해서 두 해째에 혁신교육동아리 회원은 13명이 되었고, 무지개처럼 꿈과 희망을 안고 새롭게 출발할 수 있었다.

교장 선생님은 언제나 가장 열심히 독서 토론 숙제를 해 왔고 모든 활동에 적극적으로 참여하셨다. 지위를 이용하여 우리의 활동을 간섭하거나 제재하지 않기 위해 노력하셨다. 덕분에 선생님들은 같은 동아리 회원으로 교장 선생님을 인정하게 되었고, 평교사와 교장이 한데 어우러지는 조화로운 모습을 볼 수 있었다. 관리자와 편을 가르지 않고 함께 공동의 교육 가치를 실현해 갈 수 있어서 다행이었다.

혁신학교에서 교사의 리더십만큼 중요한 것이 바로 교장의 리더십이다. 혁신학교 교장에게는 기존의 권위를 내려놓고 교육공동체와 소통하고 민주적으로 교육활동에 참여하는 수평적인 리더십이 요구된다. 이러한 리더십을 발휘하는 교장은 학교를 협력적이고 역동적으로 만드는데 기여하며, 민주적인 학교 문화를 만드는 데 가장 중요한 혁신의 열쇠이기도 하다. 이런 면에서 민주적인 리더십을 발휘하고 계시는 최 선생님께 조금은 후한 점수를 드리고 싶어졌다.

혁신교육동아리에서 올해 가장 의미 있었던 일은 버려진 창고를 연구실로 바꾸는 일이었다. 학생을 위한 공간 조성은 당연한 일처럼 여겨지지만 학생 복지에 신경 쓰느라 선생님들의 삶은 항상 뒷전인 것이 맘에 걸렸다. 학생을 잘 가르치기 위해 학교 공간에서 교사의 안전과 평화도 보장되어야 하는데 지금까지 우리는 우리의 삶에는 너무 무관심했다. 이러한 발상을 토대로 동아리 선생님들과 의논하여 혁신학교의 이름에 걸맞게 쉼터 겸 연구실을 만들기로 하였다.

빠른 논의 과정을 거쳐 시트지 재단, 벽지 바르기, 가구 옮기기 등 너나 할 것 없이 팔을 걷어붙이고 일사불란하게 맡은 역할을 해냈다. 그렇게 완성된 혁신연구실을 보자마자 선생님들은 일제히 환호성을 질렀다. 무에서 유를 창조하는 느낌도 훌륭했지만 협력이라는 가치가 눈부시게 빛났던 순간이었다. 이후로 이곳은 선생님들에게 책이 있는 편안한 안식처가 되었다.

무지개 동아리의 연례행사 중 하나는 독서 토론이다. 1년에 두 번은 학교교육에 관한 책을 읽고 교육활동에 대한 성찰과 개선의 시간을 갖는다. 한번은 신규 교사였던 정 선생님께서 『미래의 교육 올린』[27]이라는 책을 가지고 진행을 맡아 주셨다. 토론 질문에는 임용고사에 나올 법한 문제들이 가득 들어있었다. 프로젝트 수업을 하기 위해 교과 수업에서 어떤 노력을 하고 있는지, 어떻게 아이들의 특성을 고려하면서 수업을 진행할 것인지 등등 신규 선생님에게 듣는 교육활동 실천에 대한 예리한 질문들이 제법 신선했다.

독서 토론이 진행되면서 우리는 각자 교과에서 하는 개별화 수업의 예와 앞으로 가야 할 방향에 대해 논의하였고, 마침내 우리 학교 아이들을 잘 길러 내기 위한 새로운 교육과정을 짜 보자는 결론에 이르렀다. 이렇게 한 권의 책 덕분에 교사들이 학교의 변화를 끌어낸 멋진 순간을 맞이했다.

또한 학교의 제도, 커리큘럼, 공간을 함께 고민하고 설계하는 올린공대의 빌드데이(Build Day)[28]는 우리 학교만의 새로운 학교 문화를 만들어 가는데 중요한 모티브를 제공하였다.

혁신교육부를 맡아 운영하는 순간부터 외롭고 힘든 시간이 많았다. 해를 거듭할수록 혼자만 잘하면 된다는 생각도 오산임을 깨달았다. 우리는 함께 일할 때 더 힘이 났고 멀리 갈 수 있다는 것도 알게 되

---

27 조봉수(2017), 스리체어스
28 미국 매사추세츠 주 보스턴에 있는 올린공과대학(Olin College of Engineering)에서 하루 동안 재학생, 졸업생, 교수, 직원이 모두 모여 학교 발전을 위해 필요한 것이 무엇인지 의견을 나누고 과제를 도출하는 행사이다.

었다. 혁신동아리 선생님들은 학교 곳곳에서 오늘도 열심히 일하고 계신다. 텃밭을 일굴 때도, 대토론회를 열 때도, 꽃길을 가꿀 때도, 학교 공간을 꾸밀 때도, 아이들의 교육과정을 의논할 때도 언제나 함께 했다. 작은 힘이라도 학교에 보탬이 되는 일이라면 그들은 주저하지 않는다. 덕분에 그들에게서 우리 학교의 밝은 미래를 본다.

일상에서 무지개를 보는 일은 흔하지 않다. 무지개는 어릴 때 비가 온 뒤 운이 좋으면 가끔 보았던 신기루 같은 것이었다. 그런데 나는 우리 학교에 다니면서 이런 무지개를 매일 보고 있다. 혁신교육동아리 선생님들의 열정 속에서 그리고 그 힘을 통해 달라진 우리 학교의

이렇게 한 권의 책 덕분에
교사들이 학교의 변화를 끌어낸
멋진 순간을 맞이했다

모습에서 말이다.

얼핏 보면 학교는 좀처럼 움직이지 않는 교사들로 가득 차 있는 듯하다. 하지만 이상하게도 그들은 작은 울림과 끌림에도 태세를 전환하고 적극적인 사람들로 변한다. 그리고 학교 곳곳에서 그들의 리더십을 발휘하며 학교를 변화시킨다.

무엇일까? 무엇이 교사를 변하게 할까? 그것은 바로 함께 가는 동료를 만나는 일이다. 1년이 지난 뒤 동료 교사 중 한 분이 "저는 우리학교에 있는 한 혁신동아리 계속합니다."라며 고마운 말을 해 주었다. 무엇보다도 사람을 얻는다는 것이 혁신학교에서 학교를 변화시키는 가장 큰 동력임을 다시 한번 깨달았다.

오늘도 우리 학교에는 아름다운 일곱 빛깔 무지개가 떴습니다.

학교 공간에서
행복해질 수 있도록

아이들이 친구들과 가장 많이 소통하고 만나는 장소는 바로 교실과 복도이다. 그래서 가장 편하게 쉴 수 있는 곳도 그곳이 되어야 한다. 그러나 여전히 교실과 복도는 옛날 그대로이고, 누구도 그 공간을 바꾸려고 시도하지 않는다. 교사도 학생도 주어진 학교 환경에 만족하면서 살아가는 것이 너무도 익숙하다. 개선된 미래를 그려 보기보다는 익숙하고 불편한 환경들에 대해 불평을 할 때가 더 많았다. 하지만 누구도 이야기하지 않는다. 이미 오래전부터 학교 공간은 관리자 또는 어른들의 소유물인 것처럼 말이다.

왜 학교에는 아이들이 쉴 공간이 없는 걸까?

왜 교사와 학생들은 주어진 공간에서 순응하며 살아갈까?

사실 학교에서 가장 많이 생활하고 있는 것은 교사와 학생이다. 특히 학교의 주인은 학생이라고 치켜세우면서도 우리는 아이들에게 그런 교육을 해 본 적이 없다. 그렇다면 교사와 학생은 학교 공간 개선을 위해 어떻게 움직여야 할까?

우리 학교는 남중과 여중이 통합되면서 새로운 혁신학교로 문을 열었다. 교육청에서는 리모델링하느라 막대한 예산을 투입했지만 큰 공간을 쓰임새 있게 바꿔 놓지는 못했다. 그저 헌 교실을 보기 좋게 고친 수준이라 학교 곳곳에는 텅 빈 공간이 많았다.

아이들은 그곳에서 체육복을 갈아입거나 치고받고 장난을 칠 뿐이었다. 그러다 결국 물건을 쌓아두는 곳으로 변해 갔다. 의자 하나만 놔 줘도 긴장했던 아이들의 마음이 조금은 풀어질 텐데 하는 아쉬움이 남았다. 내가 처음 만난 우리 학교는 실내든 운동장이든 아이들이 편히 쉴 곳이라곤 없었다.

교육부는 2019년부터 학교 공간혁신사업을 본격적으로 추진하며 자발적인 진화와 함께 팬데믹 상황과 같은 사회적 변화 요구를 반영하여 사업 지침을 마련하는 등의 노력을 하고 있다. 2019년에는 학습뿐만 아니라 휴식과 놀이 등이 함께하는 균형 잡힌 삶의 공간으로서의 학교 시설을 조성하였고, 2020년에는 학교 공간혁신사업이 학습의 변화를 유도할 수 있도록 교육 공간 재구조화 및 디지털 전환을 본격적으로 시작했다.

학교 단위 공간혁신사업은 미래사회에 대응하기 위해 교육 전환을 지원하는 학교 전면 재구조화 사업으로 미래학교로의 전환을 유도

하는 방향성을 가진다. 학교 캠퍼스 전문 개축부터 교사동 단위 리모델링까지 학교 및 지역 여건에 따라 사업 범위를 결정한다.

그중에서도 인디(InDE) 프로젝트는 파괴적(Destructive) 변화를 통한 혁신(Innovation)을 유도하기 위한 학교 단위 공간혁신사업으로 그동안 주류가 아니었던(Independence) 학생이 학교 공간의 중심이 되는 공간 혁신 프로젝트이다.

영역 단위 공간혁신사업은 학교 단위 공간혁신사업의 마중물 또는 급소로 활용한다. 공용 공간, 일반 교실, 특별 교실이나 유휴 공간을 활용하여 교육 전환 및 학교생활의 변화를 유도한다. 앞서 언급한 대로 공간 혁신이 학습의 변화를 유도하도록 공간을 바꾸고 디지털로 전환한다는 방향성을 가지고 있다.[29]

2019년부터 이러한 혁신공간에 대한 공문이 하달되면서 학교 공간에 대해 처음 관심을 두게 되었고, 공간이라는 것이 민주적인 삶과도 연관되어 있음을 알게 되었다. 그제야 아이들이 생활하고 있는 학교 공간을 좀 더 편안하고 즐거운 곳으로 만들고 싶다는 포부를 갖게 되었다. 그 후 학생 동아리 아이들과 주도성 프로젝트를 구성하여 공간을 바꾸는 작업을 해 왔다. 공간 변화를 주도하면서 내 삶도 아이들의 삶도 긍정적이고 주체적으로 변해 갔다.

---

29 학교 공간혁신사업 가이드라인(교육부, 2019. 4. 8)

학교를 내 손으로 바꾼다는 것! 어른인 내가 생각해도 가슴 뛰는 일인데 아이들은 더할 터였다. 우리가 생각한 대로 변화된 학교 모습을 상상하면 가슴이 벅차올랐다. 과연 아이들과 잘 해낼 수 있을까 걱정이 앞서기도 했지만 1년 동안 우리 손을 거쳐 아름다운 학교를 탄생시킨다는 큰 꿈을 펼치는 첫 출발이었기에 우리는 몹시 들떠 있었다.

"선생님, 학교에서 맘껏 놀고 싶어요."

"탁구대도 있으면 좋겠어요."

"자유롭게 수다 떠는 공간이 있었으면 좋겠어요."

"노래방은 너무 공간이 넓어서 시끄러울 것 같으니 안 되겠죠?"

"비가 와도 실내에서 놀 수 있는 공간이 있었으면 해요."

우리의 의견이 담긴 프로젝트는 계절이 여러 번 바뀌면서 학교 곳곳을 변화시켰다. 텅 비었던 곳이 만남의 광장으로 재탄생하며 피아노와 의자가 놓이게 되었다. 먼지만 쌓여 갔던 곳에 쉬는 시간이면 아이들의 피아노 치는 소리가 끊이지 않았다.

"광장에 피아노 있으니까 어때?"

내가 물을 때마다 아이들 대답은 한결같다.

"마음대로 칠 수 있어서 정말 좋아요."

"피아노 소리도 좋고요."

아이들은 누구의 간섭도 없이 쉬는 시간이면 자유롭게 피아노를 쳤다. 처음에는 학교 복도에서 들리는 피아노 소리가 낯설었지만, 이제는 우리의 일상이 되었고, 음악이 있는 우리만의 아지트가 되었다.

이러한 공간 변화 덕분에 아이들은 학교를 더 좋아하기 시작했다.

쉬는 시간이 되면 아이들은 새롭게 만들어진 실내 놀이터로 우당탕 뛰어간다. 탁구대를 차지하겠다고 서로 밀쳐 대다 순번을 정한 아이들이 차례를 기다린다. 탁구공이 이쪽저쪽을 오갈 때마다 아이들 입가에 웃음이 한 가득이다. 그 옆에 있는 작은 당구대도 옹기종기 모인 아이들로 북새통이다. 여기도 차례를 기다리며 훈수를 두는 아이, 탁월한 실력에 감탄하는 아이, 초크를 묻혀 주며 응원하는 아이들로 정신이 없다.

그런가 하면 쉼터는 더 편안한 분위기가 흐른다. 학습 만화를 읽으면서 키득대는 아이들, 진지하게 체스를 두는 아이들, 소소하게 수다를 떨며 웃음꽃을 피운 아이들까지 참 다양하다. 교실에서 경직되어 있던 아이들도 쉼터에만 오면 천진난만하게 웃는 일이 많다. 어느새 긴장을 털어 버리고 의자에 편안하게 앉아 여유를 찾기 때문이다.

공간의 중요성을 인식하고 학교 공간을 개선하기 위해 노력해 왔는데 편안해진 아이들의 모습 속에서 그간의 노력을 보상받은 것 같았다. 또한 아이들이 학교에서 자신만의 공간을 찾고, 즐거운 학교생활을 할 수 있게 되었다는 것이 더욱 의미 있었다.

큰돈을 들여 학교를 깨끗하게 바꾸어 주는 사업[30]도 물론 좋지만 그러면 아이들은 그저 소비자 입장만 배우게 될 뿐이다. 1년 동안 아이들과 진행했던 공간 혁신 프로젝트는 아이들 스스로 계획하고 학교 공간을 변화시켜 가면서 주인 의식을 심어 주기에 충분했다.

그뿐만 아니라 아이들은 환경에 순응하기보다는 자신의 힘으로 적극적으로 삶의 공간을 바꾸어 가는 변화의 주체가 될 수 있었다. 아마 아이들은 변화의 긴 여정 속에서 자신들에게 숨겨진 여러 가치를 발견했으리라 생각한다.

우리는 그해 교육부가 주최하고 한국교육녹색환경연구원이 주관하는 제1회 학교혁신공간 학생공모전에서 입상하는 쾌거를 이루었다. 그 기쁜 소식을 접한 순간 그동안 우리가 함께한 노력과 시간이 한꺼번에 스치듯 지나갔다. 아이들 스스로 만들어 가는 가치 있는 시간을 함께할 수 있어서 진심으로 행복했다.

덕분에 큰 교훈 하나를 얻었다. 학교 공간 변화를 위해 교사가 학

---

30 그린스마트미래학교: 40년 이상 경과한 학교 건물 중에서 개축 또는 새 단장하여 교수학습의 혁신을 추진하는 미래교육전환사업(2021, 교육부)

생들을 위해 할 일은 단 하나뿐이라는 사실이다. 그건 바로 학생들이 주도적으로 활동할 수 있도록 안내자가 되는 것! 자신들이 생활하는 학습 공간도 주체적으로 바꿔볼 수 있도록 인식하게 해 주는 것! 앞으로도 기꺼이 친절한 안내자가 될 생각이다.

따뜻한 곳에서 자란 아이는 안정감을 배울 수 있고, 창의적인 공간에서 자란 아이는 무한한 상상력을 발휘하는 아이로 클 수 있다. 그렇기에 우리는 지금부터라도 민주적인 학교 공간에 대한 인식을 새롭게 해야 한다.

이제 교육적인 시선에서 아이들의 공간을 한 번쯤은 다시 바라봐 줘야 하지 않을까? 미래의 아이들을 길러 내기 위한 첫걸음이 공간에 대한 인식에서 시작되는 것은 아닐까? 아이들이 행복한 꿈을 꿀 수 있는 민주적인 학습 공간이 더 많아졌으면 좋겠다.

학교 곳곳이 아이들을 품을 수 있는 따뜻하고 행복한 공간이 되기를, 그 속에서 아이들만의 시간이 공간에 스며들기를, 그래서 학교 공간을 추억하면 한껏 미소 지을 수 있기를 바라본다.

민주적인 회의는
어떻게 하는 걸까?

매일 밤 같은 시간에 나는 알 수 없는 통증에 시달렸다. 급기야 연일 계속되는 통증 때문에 병원에 가서 상담을 받게 되었다. "선생님! 밤 9시만 되면 숨이 안 쉬어져요. 갑자기 왜 이럴까요?" 의사는 심하게 스트레스를 받는 일이 있는지 물었고 공황장애를 의심하며 약을 처방해 주었다.

고등학교 재직 당시 그 학교에서는 중요한 사안에 대해서 늘 교사들이 모여 언성을 높였다. 교사들끼리라기보다는 교장, 교감 선생님과 전교조 선생님들의 대치 상황이었다. 육아 휴직을 끝내고 복직했던 터라 처음 겪는 낯선 환경에 하루하루가 살얼음판을 걷는 심정이었다.

하루는 옆에 있던 선생님이 회의 시작 전 "이번에는 꼭 한마디 하세요. 가만있지 말고."라며 의견을 내라는 주문을 했다. 도대체 무슨 말을 해야 할까? 서로 소통하면서 평화롭게 해결하면 안 되는 걸까? 이런 생각도 잠시 어김없이 일주일에 한 번 있는 회의 시간이 찾아왔다. 몇몇 선생님들이 벌떡벌떡 일어났고 거친 언성이 오가기 일쑤였다. 그때마다 내 심장은 마구 요동쳤고 빨리 상황을 벗어나고만 싶었다. 여전히 아무 말도 못 하고 꿀 먹은 벙어리처럼 자리만 지키고 있을 뿐이었다.

그렇게 한 달을 보내는 동안 몸에 이상 반응이 나타났다. 숨이 안 쉬어지는가 싶더니 또다시 거친 숨을 몰아쉬며 호흡이 가빠졌다. 그 당시 회의라는 것에 많은 스트레스를 받고 있었다. 도대체 회의에서 무슨 말을 해야 하는지도 몰랐고 어떻게 이견을 조율해야 하는지도 알지 못했다. 무엇이 정답인지도 잘 몰랐다. 모르는 것 천지인 채로 그렇게 그 학교에서의 회의 시간을 견뎌 냈다.

혁신학교에서 맞이했던 첫 회의다운 회의는 업무 조직 개편에 대한 것이었다. 서로 제 일이 힘들다면서 방어 태세를 갖추었으며 자기 이익을 위해 또다시 언성이 높아졌고 회의를 맡은 사람의 얼굴은 붉으락푸르락해졌다. 교사 대부분은 침묵을 선택했다. 시간이 많이 흘렀는데도 회의 시간의 모습은 변한 것이 하나도 없었다.

어떻게 해야 자유로우면서도 평화로운 회의를 진행할 수 있을까? 회의가 끝나면 한결같이 기분이 침울해졌고 누구 하나 상쾌하지가 않았다. 무엇이 문제인지 고민하다가 갑자기 예전의 힘들었던 내 모습이 떠올랐다. 어느 누군가는 과거의 또 다른 내가 될 수도 있다는 생각에 마음이 착잡해지기도 했다.

혁신교육은 학교 민주주의의 실현을 위해 노력하고 있으며 학교 자치로 민주적인 학교 문화 조성을 위한 학교자치조례가 제정[31]되어 있다. 그중에서 교사 자치로 민주적인 회의 문화를 권장한다. 업무 전달 회의에서 벗어나 주제와 안건이 있는 회의를 지향하며 민주적인 공간에서 자유롭게 의사 표현을 할 수 있는 문화를 조성하고자 한다. 과거의 상명하복 명령 하달 방식의 회의에서 탈피해 공동체의 소통을 통해서 민주적인 학교를 만들어가기 위한 제도적 장치인 셈이다.

그러나 아직도 일반 학교에서는 학교의 이야기를 서로 자유롭게 나누지 않는다. 어쩌면 여전히 지시와 복종만 있을 뿐이고, 한두 명 깨어 있는 교사가 큰소리 내어 자기 의견을 말하는 정도이다. 회의의 방식도 내용도 공간도 모두가 문제를 안고 있다.

처음 민주적인 회의 문화가 시도되었을 때 학교에서는 갑자기 둥 그렇게 모여 앉더니 교장 선생님께서 한 명씩 돌아가면서 의견을 말

---

31 경기도학교자치조례 제3조(학교 운영의 원칙) ① 경기도교육감(이하 "교육감"이라 한다)은 「교육기본법」 제5조 제2항에 따라 학교 운영의 자율성은 존중하며, 교직원·학생·학부모 등이 법령으로 정하는 바에 따라 학교 운영에 참여할 수 있도록 제도를 개선하는 등 노력하여야 한다. ② 학교의 장은 민주적인 학교 문화 조성을 위하여 학교의 운영과정에서 다음 각 호를 준수하도록 노력한다.
1. 학생, 학부모, 교직원이 학교의 의사 결정에 참여하도록 보장한다.
2. 교사가 교육의 내용과 방법, 평가 등에 관하여 법령의 범위에서 판단하고 결정한 사항에 대해 존중한다.
3. 학생이 학교에 의견을 제시할 수 있도록 보장하며, 그 의견을 존중한다.

하라고 순번을 정해 주기도 했다. 지금 생각하니 웃을 수도 울 수도 없는 장면이었다.

혁신학교 초기일 때 우리 학교의 교직원 회의 시간 역시 업무 전달 연수만 하는 시간이었다. 누구도 발언하지 않았고 할 필요조차 없었다. 회의라는 이름을 달고 있지만 의사를 묻지 않는 회의이면서 자유로운 의사소통이 가능하지 않은 비민주적인 공간이었다. 어떻게 회의를 해야 하는지 배운 적이 없다는 것까지 모든 것이 문제였다. 평화롭고 민주적인 회의 문화를 위해 다시 새롭게 출발할 수 있도록 하는 도화선이 필요했다.

아이들을 민주시민으로 길러 내라고 하면서 우리는 민주주의 교육을 배운 적이 있던가? 교사들은 과연 그런 삶 속에 살고 있는지 반문하고 싶어졌다. 새해를 맞이하면서 워크숍에서 가장 먼저 회의 문화 개선을 위한 토론 시간을 가졌다. 어떤 이야기들이 나올지 자못 궁금했는데 나름 열띤 토의가 이루어졌다. 결론적으로 회의 내용도 따뜻했고, 성과도 훌륭했다.

"따뜻한 회의였으면 좋겠습니다."

"싸우지 않았으면 좋겠습니다."

"모두가 의견을 냈으면 좋겠습니다."

"예전 학교 이야기, 옛날 이야기하지 말았으면 합니다."

"휴대 전화 들여다보지 않았으면 좋겠습니다."

"안건을 미리 공지해 의견을 생각해 올 수 있었으면 합니다."

"결과 처리가 어떻게 되었는지 의견을 공유해 주시기 바랍니다."

"다른 사람 이야기할 때 경청해 주셨으면 좋겠습니다."

"꼭 안건이 없더라도 얼굴 보면서 이야기할 수 있었으면 합니다."

선생님들의 의견을 바탕으로 우리가 지향해야 할 회의 모습을 알게 되었던 소중한 시간이었다. 우리는 이 시간을 통해 새로운 회의 규칙도 만들었고, 회의를 시행할 시기도 새롭게 개편했다. 이렇게 민주적인 회의를 향한 시스템을 만들고 나니 뭔가 새롭게 시작할 수 있을 것 같은 기대감이 생겼다.

그렇다면 민주적인 회의는 어떻게 시작하면 될까? 아마도 예전부터 해 왔던 회의 모습들을 버리고 지향해야 할 모습을 그려 본다면 그 답을 찾을 수 있을 것이다. 이를테면 큰소리로 혼자만 떠들면서 내 의견만 주장하는 것, 화가 난다고 남의 의견은 무시하는 것, 내 편의를

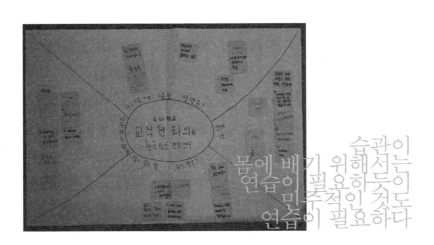

위해서는 누가 뭐래도 유리한 쪽을 선택하는 것, 권위를 앞세워 아랫사람을 복종시키는 것, 회의 시간에 발언하지 않고 침묵으로 일관하는 것, 교사의 의견은 묻지 않고 학교장의 의견으로 결정되는 것을 지양하면 된다. 아마 우리 학교 선생님들은 자신들이 만들어 낸 회의 규칙들을 지키며 민주적인 회의 정착을 위해서 노력할 것이라는 확신이 들었다.

혁신학교의 가장 큰 장점은 민주성을 들 수 있다. 즉 민주적인 의사 결정을 통해 교육공동체의 다양한 의견을 수렴하고 소통하는 학교 운영을 지향한다. 민주성은 자율성과 함께 온다. 모두가 주체로 교육 활동에 참여해야 하고, 그러한 의사소통 과정을 통해 학교 문화는 개선될 수 있다.

아쉽게도 학교 현장은 여전히 바쁘고 수동적이어서 자율성을 갖기에는 갈 길이 멀어 보인다. 하지만 문제 해결을 위해 협력하다 보면 결국 자율성이라는 것도 민주성이라는 철학과 함께 학교 곳곳에 스며들어 혁신학교의 면모를 빛나게 해 줄 것이라는 걸 안다.

앞으로 우리가 마주하게 될 회의는 민주적인 공간에서 자신의 이야기를 맘껏 펼치고, 남의 의견도 경청할 줄 아는 시간으로 채워지기를 바라본다. 자신의 이익을 위해 싸우는 것이 아니라 머리를 맞대고 더 좋은 교육을 위해 고민하는 회의였으면 좋겠다.

습관이 몸에 배기 위해서는 연습이 필요하듯이 민주적인 것도 연습이 필요하다.

"우리 교육과정 중에 특히 이런 게 좋았습니다."

"이런 문제는 개선했으면 좋겠습니다."

"와! 멋진 의견인데요. 다음에 꼭 반영시켜 봐요."

이런 연습 과정을 거쳐 우리는 민주적인 교사로 성장할 것이고, 교사의 성장이 아이들의 교육 속에서도 펼쳐질 것이라고 믿는다.

선생님의 독서

　교사들은 평생을 책과 함께 살아가면서 어쩌면 책 읽을 시간이 없다는 핑계를 수시로 대면서 아이들에게만 독서를 강요하고 있는 건 아닌지 싶다. 부끄럽지만 이런 모습이 나의 실체였음을 고백하고 싶다. "선생님! 이 책 읽으셨어요?", "선생님! 좋은 책 있으면 추천해 주세요." 학교에서 이런 대화를 한 적이 언제였던가?

　그런데 어느 순간부터 우리 학교는 바쁘게 돌아가는 학교 일과를 제치고 책 읽는 선생님들이 많아지고 있다. 선생님들은 토론하기 위해 책을 옆에 끼고 다니는가 하면, 토론 숙제를 다 했는지 물어보기도 하는 등 조금은 신선한 공기가 학교에 흐르고 있다. 언제부턴가 책을 주제로 한 우리의 대화가 일상이 되었다.

　그리고 책을 통한 나눔의 시간이 자신의 수업뿐만 아니라 교사로서의 성장하는 삶에도 영향을 미치고 있었다. 개인의 독서뿐만 아니라 교육동아리, 전문적 학습공동체를 통한 선생님들의 독서 문화가 이러한 변화를 불러오고 있다.

사실 교직 생활 20년간 책을 거의 읽지 않는 교사였다. 대학 때 읽은 것으로 근근이 연명하면서도 책 쇼핑과 책 전시는 그저 멋으로 여기며 살아왔다. 책 한 권을 정독했던 것이 언제였는지 제대로 기억조차 나지 않는다.

그렇게 무늬만 독서 교사였던 삶이 독서하는 삶으로 전환하게 된 것은 바로 교육청 혁신연수에서 우연히 만난 한 권의 책 덕분이었다. 『교사가 성장하면 수업도 성장한다』[32]라는 책이었는데 독서 교육뿐만 아니라 승진에 관심이 많았던 교사에서 교사로서의 성장을 돌아보게 해 주는 계기를 갖게 했다.

저자에게는 자신만의 승진 제도가 있었다. 그 기준은 성실하게 매일 매 순간 앞으로 나아가는 성장의 삶이었다. 가치 있는 습관이 생길 때마다 승진 점수를 부여한다는 것이었는데 이를테면 미라클 모닝 필사(1점), 글쓰기(1점), 하루 10분 고전 읽기(1점), 하루 10분 독서(1점), 교사 독서 네트워크 조직하기(1점) 등의 내용으로 승진 점수 100점을 채워 가는 것이었다.

승진이란 말에 눈이 번쩍 띄어서 유심히 읽었다가 가슴 뛰는 성장의 삶에 대해 생각하게 되었다. 또한 나만의 승진 제도에 대한 삶의

---

32 김진수(2018), 행복한 미래

이야기를 써 나갈 수 있도록 꿈을 심어 준 것에 다시 한번 감사한 순간이었다.

혁신학교에서 아이들의 성장을 위해 학교 시스템을 개선하고 수업을 개선하기 위해 부단히 노력해 왔다. 성장하지 않는 교사가 학생의 성장에 대해 무엇을 가르칠 수 있을까? 내 안에 갑작스러운 질문이 떠오르며 나를 흔들어 댔다.

이미 오래전에 꿈이 멈춰 버린 사람처럼 교사의 성장에 대해 성찰하지 않았던 내 삶이 부끄러워졌고, 아이들뿐만 아니라 나 또한 독서를 통해 꿈꾸는 교사가 되어야겠다는 생각을 하게 되었다. 독서하는 교사의 삶, 그런 내 삶이 아이들의 삶과 동료 교사에게 좋은 영향을 미칠 수 있도록 독서 멘토가 되어 볼 작정이었다.

이렇게 시작된 독서가 선생님들과의 독서 시간으로 이어졌고 우리를 또 한 번 변화시켰다. 『학교를 개선하는 교사』[33]를 통해서 교사의 관점에서 학교를 개선하기 위해 어떤 일을 해야 하는지, 리더로서 어떻게 조직을 이끌어 가야 하는지 등에 대해 심도 있게 이야기할 수 있었다. 교장은 아니지만 평교사가 느끼는 바람직한 학교장의 모습도 함께 나누었다.

결국 이 토론을 통해 학교의 변화를 위한 공적인 교사의 역할을 깨달을 수 있었다. 교장 선생님으로서도 어떻게 학교를 운영해 나가야

---

[33] Michael Fulluan(2006), 무지개사

하는지 운영 철학에 대해 깊이 고민하신 흔적들이 평교사에게 공감을 주었다. 서로의 역할에 대해 공감하고 협력한다면 분명 개선된 학교 문화를 가질 수 있을 것이라는 확신이 들었다.

또 다른 울림을 준 책은『훌륭한 교사는 무엇이 다른가』[34]였다. "올 해로 제가 38년째 5학년을 가르치지만요, 이 아이들을 가르치는 건 올 해가 처음이거든요."라고 말하는 어느 초등교사의 이야기가 매너리즘 에 빠져있던 내 교직 생활에 다시 한번 작은 설렘을 안겨 주었다.

처음에 제목을 접하고 '훌륭한 교사가 도대체 뭔데?' 하며 어디 읽 어나 보자며 시작한 책이었는데 잊고 있었던 훌륭한 교사의 덕목을 마음에 새기며 지금의 모습을 반성할 수 있었다.

선생님들과 독서를 통해 교사의 삶을 나누면서 우리는 더욱 단단 해져 감을 느꼈다. 책을 통해 내면이 성숙해지고 교사로서 지혜가 깊 어지게 해 주었던 혁신학교에서의 독서 시간이 소중하게 느껴졌다.

학교의 중간 리더 역할을 하는 사람이 독서력을 키워 가는 삶을 살 아가고자 하니 함께 가는 선생님들의 변화는 당연히 따라왔다. 서로 좋은 책을 권하고, 좋은 구절을 필사하고, 의견을 나누는 일 등이 팍팍 했던 일상을 에너지 넘치는 날들로 바뀌어 갔다.

또한 동료들끼리 혁신학교 관련 책들을 함께 읽으며 학교의 개선 에 대해 끊임없이 연구하고 실천해 가는 것은 우리 학교에 큰 이점으

---

34 토드 휘태커(2015), 지식의 날개

로 작용하고 있다. 이전에 근무하던 학교에서는 친한 사람들끼리 수
다 떨고 식사 후 학교에 대한 불평불만을 이야기하는 일이 다반사였
다. 그런데 우리 학교 선생님들과는 자연스레 책과 가까워지면서 교
사로서의 삶과 학교에서의 우리의 역할, 더 나아가 미래 우리의 모습
을 기대하게 만든다는 사실이 나를 더욱 흥분하게 했다.

교사의 성장은 개인의 발전뿐만 아니라 학교를 개선하는 동력을
마련하게 해 준다. 우리에게도 그랬듯이 독서하는 교사의 삶이 학생
들의 삶에도 깊은 영향을 미칠 것이라고 확신한다.

『내 인생 5년 후』[35]에서 세계적인 동기부여가 찰스 존스는 이렇게
말한다. "지금부터 5년 후의 내 모습은 두 가지에 의해 결정된다. 지금
읽고 있는 책과 요즘 시간을 함께 보내는 사람들이 누구인가 하는 것
이다."

지금 내 옆에는 함께 혁신의 길을 함께 걸어가고 있는 동료 선생님
이 있고, 그들과 함께 혁신교육을 위한 책을 열심히 읽고 있으니 내 삶
의 5년 후, 또는 우리 학교의 5년 후는 반드시 밝고 희망찰 것이라고
믿는다.

---

35 하우석(2015), 다온북스

학부모와 함께 성장하기

　전 세계가 한 번도 경험해 보지 못한 바이러스 광풍으로 정신을 차리지 못할 지경에 이르렀다. 그중에서도 학교는 가장 먼저 타격을 입었으며 처음 맞는 대란으로 학교 현장은 그야말로 갈팡질팡 길을 잃었다. 선생님들은 교육청에서 내려오는 단발적인 지시에 따라 움직여야 했고, 변화된 수업 환경에 어떻게 해야 할지 몰라 한동안 갈피를 잡지 못했다. 하지만 우리 학교 선생님들은 재빠르게 새로운 원격 기술을 익히고 도입하여 수업에 적용한 덕분에 혼란한 상황도 나름 빠르게 안정을 되찾았다.

　하지만 그 시기부터 전에 없이 학교로 민원이 들어오기 시작했다. 원격수업을 하며 왜 수업 시간을 다 채우지 않느냐, 다른 학교는 하는데 우리 학교는 혁신학교라면서 왜 쌍방향수업을 하지 않느냐, 아이들이 게임만 하고 노는데 왜 관리하지 않느냐, 선생님들 사이에 격차가 너무 많이 벌어진다 등등 개교 이래 수업에 대한 민원이 거의 없었던 우리 학교는 갑작스레 밀려드는 민원으로 적잖이 당황했다.

게다가 선생님들은 힘든 상황에서도 아이들을 위해서 동분서주 애쓰는데 학부모들이 불만을 제기하는 상황이 이어지자 선생님들도 불쾌해지기 시작했다. 계속되는 민원 제기에 선생님들과 학부모 사이의 갈등은 더 깊어져서 자칫하면 학부모가 함께 가야 할 공동체 구성원이 아니라 적으로 느껴지려는 순간들이 이어졌다. 나 역시 그런 말들을 전해 들으며 처음에는 기분이 상했지만 그 이유에 대해 곰곰이 생각해 보기 시작했다.

나는 교사이면서 초등학생 아이 둘을 키우고 있는 학부모이다. 교사가 아닌 학부모 처지에서 나 역시 원격수업을 마주하게 되었을 때 많은 스트레스를 받았다. 원격 도구에 익숙하지 않아 아이들을 가입시키는 일부터 힘이 들었다. 과목별로 엄청나게 쏟아지는 숙제 때문에 담임 선생님께 불만이 생기기도 하였고 원활한 원격수업을 위해 두 아이의 컴퓨터 기자재를 사느라 분주하게 돌아다니기도 했다. 워킹맘이라 아이들이 집에 있는데도 챙겨 주지 못하는 내 신세 때문에 화가 나기도 했다. 그때는 모든 게 답답하고 내 맘대로 되지 않는 상황 때문에 이유 없이 화가 나는 상황이 지속되었다.

다행히도 아이의 학교에서는 어려운 상황에서도 학부모들을 위해 바로바로 학교의 상황과 교육활동 등을 안내해 주었다. 또한 학부모 상담을 통해서 아이에 관한 내용을 공유하다 보니 근심을 덜 수 있었다. 학부모들은 노력하는 학교를 지지해 주었다.

우리 학교 또한 어려운 상황에서도 전 교사가 협력하여 많은 것을 해냈다. 선생님들이 원격수업 기반을 구축하기 위해 모두 모여 밤낮으로 연구했고, 학생들 출결에 구멍이 나지 않도록 온종일 확인 전화에 매달렸으며, 교육청 지침에 따라 수업 콘텐츠를 만들어 수업을 진행하느라 수업 연구에 골몰했다. 팬데믹 상황에서도 학생들의 다양한 교육활동을 위해 최선을 다해 움직였는데 왜 학부모들은 우리 학교 선생님들의 이런 노력을 알아주지 않는 것일까? 무엇이었을까? 자녀들의 학교와 비교하며 찾아 낸 이유는 바로 한 가지였다.

"소통!"

어려운 상황에 놓였을 때 교사끼리만 동분서주하면서 학부모들과 그러한 상황들을 나누지 않은 것이 실수였다. 긴박한 상황이라 학교에서는 학부모님들이 당연히 이해해 주실 거라 생각했는지도 모른다. 그러나 학부모 입장에서는 학부모총회, 대토론회, 학부모 참여수업, 학부모 상담 등 기본적으로 학부모들과 공유했던 자리가 모두 없어진 셈이었다. 이런 상황에서 학부모는 당연히 교육활동이 궁금해질 것이고 기다려도 답을 알 수 없었던 상황에서는 화도 났을 것이다. 교사의 처지가 아니라 학부모의 마음을 이해하고 소통하는 자리가 필요했음을 절감했다. 이러한 반성을 통해 2021년에는 학부모와 소통하고자 노력하였으며 모든 교육활동도 원래대로 회복시키고자 최선을 다하고 있다.

올해 다시 열린 학부모총회에서 작년에 있었던 학교 소식들을 전해들은 학부모님들은 선생님들이 학교에서 이렇게 많은 일을 하고 있는 줄 미처 몰랐다며 격려해 주셨다. 또한 많은 궁금증이 풀렸다고도 말씀해 주셨다. 학부모님들의 이야기를 들으며 더 감사했던 것은 혁신학교설명회를 통해 혁신학교인 우리 학교가 더 궁금해졌다는 말씀이었다.

진심으로 초심으로 돌아가 학부모님들과 더 많이 소통하고 함께 가는 공동체로서 존중해 드리고 싶은 마음이 들었다. 그동안 우리는 학부모님들은 특정한 때에만 도움을 주는 사람으로 간주하거나, 마음속으로 조금은 불편하고 만나기 거북스러운 사람들로 치부하고 있었는지 모르겠다.

학기 초 학부모회 임원 어머님들과 통화를 하면서 불편했던 마음이 어느새 따뜻한 마음으로 바뀌고 있었다.

"올해 더욱 많이 소통하고 활동을 지원해 드리고 싶습니다. 뭐 도움을 드릴 일이 있을까요?"

"선생님! 감사합니다. 저희도 열심히 돕겠습니다."

담임을 맡았을 때 가장 큰 힘이 되었던 것 중 하나는 바로 학부모님의 지지와 응원이었다. 따뜻한 응원의 메시지가 선생님들을 살리기도 했고 교직에서의 큰 보람을 느끼게 하는 원동력이 되기도 했다. 어쩌면 학부모님들도 마찬가지일 것이다. 소소한 내용이라도 내 아이와 내 아이가 다니는 학교에 관한 이야기를 서로 소통하며 나누고 싶었을지도 모른다. 마음속으로 아이를 지탱해 주는 선생님을 지지하고 계실는지도.

2013년 경기도교육청은 전국 최초로 학부모회 설치·운영에 관한 조례[36]를 제정하였으며 관련 지원을 법으로 보장받도록 하였다. 이에 학부모회가 설립되어 교육공동체로서 학교교육활동의 많은 영역과 운영에 관한 다양한 의사결정에 참여할 수 있게 되었다. 학교에서 교육공동체로서 학부모를 인정하고 교육활동에 참여할 동등한 자격을 부여한 것이다.

학부모님께 급식 모니터링, 학부모회 임원 선출, 아침 등교 안전지도, 명예교사, 학교 운영위원회 등 적재적소에 필요한 인원을 배정하고 역할을 부여했다. 그런데도 학교 현장에서는 여전히 알 수 없는 벽이 존재한다. 정해진 역할로 만나는 관계이기 때문에 어쩌면 더 불편했던 건 아닐까?

---

[36] 제1조(목적) 이 조례는 경기도 내 학교의 학부모회 설치와 운영에 관한 사항을 정하여 효율적인 학부모회 운영을 도모하고, 학부모들이 교육공동체의 일원으로 교육활동에 참여하여 학교교육 발전에 이바지함을 목적으로 한다. 제3조(학부모회의 설치) 경기도교육감 관할 공립학교에는 학부모회를 두고, 사립학교의 경우에는 해당 학교의 규칙 또는 학교법인의 정관으로 정한다. 제5조(기능) 학부모회는 학교교육 발전을 위하여 다음 각 호의 사항을 수행한다.
1. 학교 운영에 대한 의견제시 및 학교교육 모니터링
2. 학부모 자원봉사 등 학교교육활동 참여·지원
3. 자녀교육 역량 강화를 위한 학부모교육
4. 그 밖에 학교의 사업으로서 해당 학교 학부모회 규정으로 정하는 사업

EBS 다큐프라임 혁신학교 5부작 〈무엇이 학교를 바꾸는가?〉[37]에서 학부모에 관한 내용을 보면서 적잖이 감동했었다. 학부모님과 수년 동안 저녁 공부 모임을 하는 덕양중 교장 선생님의 일상을 통해 공동체로서 자리매김하고 있는 학부모님들을 바라보며 가슴이 뭉클해졌다.

학교가 언제부터 이렇게 분쟁이 난무하고 불신이 넘쳐나는 곳으로 바뀌었는지 모르겠지만 우리는 잊고 있었다. 지금은 교사이지만 우리도 한때 학생이었고, 누구는 학부모라는 사실을 말이다. 혁신학교에서 가장 중요한 학교 변화의 열쇠 중의 하나가 바로 학부모라는 사실을 기억하고 교육공동체로 인정하고 협력하려는 마음가짐이 필요할 때다. 안건이 생길 때마다 날 선 비판과 대립으로 맞서는 관계가 아니라 아이들을 키워 내는 공동의 협의체로 대화하고 관계를 회복시키는 일이 무엇보다 중요하지 않을까 싶다.

지나온 갈등의 시간은 학부모는 우리가 멀리해야 하는 사람들이 아니라 귀한 아이들을 함께 교육하는 공동체임을 깨닫게 해 준 고마운 시간이었다. 갑작스럽게 맞닥뜨린 팬데믹으로 인해 교육공동체에서 잊고 있었던 중요한 한 조각을 다시금 찾아낼 수 있는 시간이기도 했다. 진정한 교육공동체로서 교사 그리고 학부모가 존중하고 신뢰하면서 아이들을 키워 낼 수 있다면 그보다 더 큰 교육은 없을 것이다.

감사합니다, 학부모님! 귀한 아이들 저희에게 보내 주셔서.

---

[37] 무엇이 학교를 바꾸는가 1부 - 학교 변화의 열쇠(2020.3.16.)

선생님을 학생 곁으로

우리 학교는 두 학교가 통합되면서 개교하였고 혁신학교를 승계받아 1년을 무탈하게 넘겼다. 그 후로 혁신학교로서의 면모를 다지기 위해 여러 작업이 동시에 진행되었는데 그중 하나가 업무 중심 조직을 학습 중심의 학년부 조직으로 개편하는 문제였다.

"업무도 많은데 학년부 체제로 조직을 개편하면 부서 업무는 누가 합니까?"

일각에서는 업무 부서에 일이 편중되어 피로감이 심해질 것이 뻔하다며 반대했고, 다른 편에서는 그래도 담임 선생님들이 학생들의 학습과 생활지도에만 집중할 수 있도록 조직을 개편하는 것이 혁신학교가 가야 할 방향이라고 하면서 날 선 대립이 계속되었다.

결국 투표로 결정하기로 했고, 마침내 조직 시스템이 학년제 중심으로 개편되었다. 그 후로 업무 부서 부장들은 그전에 비해 업무가 많왔지만 처리해야 할 일들을 책임감 있게 해냈고, 담임 선생님들은 학년부 체제에서 학생들에게 집중할 수 있었다.

이렇게 1년을 보내고 나니 온전히 학생들에게 시간을 할애할 수 있다는 점에서 담임 선생님들의 만족도는 높아졌다.

우연히 사석에서 "우리 학교는 정말 혁신학교 같아요! 담임하면서 정말 좋다는 생각이 들었습니다."라는 어느 선생님의 말씀을 듣고는 그래도 다행이라는 생각이 들었다. 많은 갈등 과정을 통해 이루어진 시스템에 담임 선생님들이 만족한다니 그것만으로도 불편했던 과정들이 충분히 의미 있었다고 생각했다.

사실 대부분 혁신학교라 해도 업무 중심 조직 시스템으로 운영하기에는 적은 교사 인원 때문에 조직 개편이 어려운 경우가 많다. 이 때문에 끊임없이 갈등 상황이 야기되기도 한다.

그러나 업무 중심 체제에서 교사는 온전히 학생들을 가르치는 데 집중하기 어려운 게 현실이다. 쉬는 시간이면 처리해야 할 공문 처리와 담임 일을 동시에 하느라 정신없다. 자연히 아이들보다는 업무 처리를 신속하게 해내는 데 정신이 쏠려 있는 것이 사실이다.

담임할 때를 떠올려 보면 공문 처리하느라 쉬는 시간에 아이들 상담을 제대로 하기도 힘들었다. 거기에다 학부모 상담, 생활지도, 각종 협의회에 연수 등 쉴 새 없이 쫓아다니다 보면 기진맥진 하루가 다 갔다. 집에 가서까지 학교와 관련한 일은 끝나지 않았었다.

혁신학교 운영 체제 중 민주적 학교 운영 체제에서는 교육활동 중심의 학교 시스템 구축을 핵심 키워드로 꼽는다. 쉽게 말해 행정 업무 중심에서 교육활동 중심의 학교 조직으로 개편하는 것이다. 교육활동을 촉진하기 위한 학습 교구와 교육 시설 환경을 확충·정비하는 한편 학생의 성장을 중심에 두고 교사들이 학생의 학습활동과 상담 및 생활지도에 집중할 수 있도록 학교의 업무를 재분석하고 재조직화하는 것을 의미한다. 따라서 기존의 업무 중심, 능력 중심의 학교 문화에서 학생을 위한 학습공동체의 공동 성장을 중요시하며 이를 위하여 학교 구성원들이 합리적이고 민주적인 업무 분장을 위해 협력한다.[38]

학교에서 아이들과 가장 가까이 있는 사람들은 담임 교사이다. 그들의 역할은 누구보다 크고 귀하다. 그들이 아이들을 잘 돌보는 데 정성을 기울이게 될 때 학교는 탄탄하게 기초를 다질 수 있을 것이다. 이런 관점에서 볼 때 부서 업무에서 선생님을 분리하여 아이들 곁으로 돌려주는 조직 개편은 우리에게 큰 의미를 제공해 주는 일이다.

하지만 업무 부서 부장으로 있다 보니 여러 가지 힘든 점도 많았다. 담임 선생님들을 배려하기 위한 운영 체제이지만 소수의 인원이나 1인 부서로 감당해야 할 일이 너무도 많았다. 담임들과 공간상 분리되어 소통되지 않는 점도 있었고 이로 인해 업무 협조에 대한 갈등을 빚을 때도 있었다. 게다가 학년부와 업무 부서의 분리가 학년부 체제로만 똘똘 뭉치게 하여 전 교직원의 화합 문화를 소원하게 하는 역

---

38 혁신학교 2021, 우리가 함께 만들어 갑니다(2021.6. 경기도교육청)

효과를 가져왔다. 덕분에 학교에서는 서로의 업무에 대해 고충을 나누고 소통하는 일이 더없이 필요해졌다. 토론회를 통해 서로가 어떤 일을 하고 있는지, 각자 어떤 고민으로 학교생활을 하고 있는지 등을 나누다 보니 서로의 입장에 대해 이해가 깊어지기도 하였다.

조직 개편을 하고 몇 해를 살아 보니 힘든 상황에서도 우리를 버틸 수 있게 해 주었던 것은 바로 비전이었다. 학교의 중심 가치를 업무에 두기보다는 학생을 중심에 두고 조직이 나아갈 방향에 대해 생각했다는 것! 그것을 위해 서로가 한발 물러나 서로 협력하는 것! 이제 조금씩 개인주의에서 벗어나 우리라는 공동체를 바라보는 혁신학교 비전이 조금씩 빛을 발하고 있는 듯한 느낌이 들었다.

학교에서는 무엇을 우위에 두고 조직을 변화시킬 것인가? 선생님을 학생들 곁으로 돌려보내기 위해서 어떤 시스템으로 가야 할 것인가? 그렇게 하기 위해서는 지금까지 해 오던 업무에서 버려야 할 것들을 추려 내는 작업이 반드시 필요하다.

현실적으로 작은 학교에서는 효율적인 업무 조직 재구조화를 위해 학교 상황에 맞는 업무 분장과 조직 시스템을 구축하고 교사들이 온전히 교육할 수 있도록 행정 업무 실무 보조 인원의 확충이 시급하다.

아울러 현재 그 시스템을 유지하기 위해 업무를 보조하고 있는 비담임 선생님들에 대한 노고와 고충도 함께 어루만져 주는 따뜻한 학교의 모습도 함께 기대하고 싶다.

텃밭에서 꽃피는
따뜻한 공동체

팬데믹으로 아이들이 등교하지 않는 날이 많아지면서 교실도 운동장도 어느 곳 하나 생기가 돌지 않았다. 계절이 바뀌어도 팬데믹이 나아질 기미가 보이지 않았고 아이들이 없는 학교는 여전히 조용하기만 했다.

그때부터 공강 시간에 학교 이곳저곳을 걷는 일이 많아졌는데 어느 날 뒤뜰을 산책하다가 문득 아이디어가 떠올랐다. 작년 회의 시간에 텃밭에 대한 이야기가 나왔었는데 비어 있는 공간에 만들면 좋겠다는 생각이 들었다. 한참 동안 공간을 바라보며 텃밭을 함께 가꾸며 아이들이 건강하게 학교생활을 하는 모습을 마음속에 그려 보았다.

그렇게 무모한 도전이 될지도 모를 '도당 농부 프로젝트'를 기획했다. 완성된 텃밭의 모습을 상상하니 생각만 해도 가슴이 뛰었다. 하지만 아이들은 1학기가 끝날 때까지 학교에 정상적으로 등교하지 못했다. 프로젝트를 시작도 못 할까 봐 발만 동동 구르다 우선 선생님들과 텃밭을 운영하기로 했다.

주말 동안 마을 꽃집 사장님의 도움을 받아 빠르게 텃밭을 조성할 수 있었다. 텃밭을 볼 때마다 텃밭에 옹기종기 모여앉아 채소를 가꾸는 아이들과 선생님들 모습이 그려졌다. 2학기에는 왠지 기분 좋은 일들이 생길 것 같은 기분이 들었다.

도당 농부 프로젝트를 기획하며 호응이 없을까 내심 걱정했는데 다행히도 텃밭은 모두 분양되었다. 모종을 심는 날은 온종일 맑다가 작업을 하려니 비가 추적추적 내렸다. 비가 오는데도 불구하고 선생님들은 팔을 걷어붙이고 텃밭에 모종을 하나하나 조심스럽게 옮겨 심었다. 아이들을 대하듯 작은 식물 하나에도 정성을 다하는 모습에 존경심이 들었다. 선생님들의 사랑과 정성으로 아마 텃밭 채소들이 무럭무럭 잘 자랄 것 같았다.

얼마 지나지 않아 텃밭에는 신기하게도 싱싱한 채소들이 무럭무럭 자라났다.

"와! 과일 무가 너무 귀엽게 자라고 있어요."

"어디 어디? 정말이네. 진짜 조금 자랐네."

텃밭에 들른 선생님은 아이들처럼 좋아했다. 원격수업으로 피곤했던 선생님들의 얼굴에는 오랜만에 생기가 돌았다. 날마다 물을 주고 텃밭에 식물들이 잘 자라는지 살피면서 나 또한 마음이 편안해졌다. 평소 잘 만나지 못했던 선생님들도 텃밭을 오고 가며 안부를 묻고

모든 생명이
자기만의 속도로
성장해 간다는 것을
알게 해 주고 싶어요

채소의 상태를 이야기하면서 더욱 친근해졌다. 아이들과 함께 텃밭을
가꾸면서 평화로운 학교가 되기를 바랐는데 선생님들께도 화합의 공
간이 될 수 있어서 흐뭇했다.

담임 선생님들은 아이들이 학교에 나오는 날이면 텃밭에서 함께
채소를 길렀다. 도당 농부 프로젝트에 참여했던 한 선생님은 "아이들
에게 생명의 소중함과 더불어 모든 생명이 자기만의 속도로 성장해
간다는 것을 알게 해 주고 싶어요."라고 하셨다. 그 선생님의 말 속에
서 아이들을 사랑하는 마음을 듬뿍 느낄 수 있었다. 선생님의 고운 마
음과 아이들의 정성은 텃밭에서 작은 생명으로 무럭무럭 자라고 있었

218

다. 텃밭에서 깔깔깔 웃고 사진도 찍으면서 즐거운 한때를 보내고 있는 담임 선생님과 아이들을 보니 이 일을 기획하기 잘한 것 같다는 생각이 들었다.

팬데믹 이후로 학교는 너무 재미없는 곳으로 바뀌었다. 교실에서도, 운동장에서도, 식당에서도 아이들은 마스크를 쓴 채 생활해야만 했다. 친구들과 재미있게 공부했던 것, 운동장을 신나게 달리는 일, 친구와 마스크 없이 산책하는 일 등 익숙한 일들이 절실한 소원으로 변해 갔다. 학교에서 할 수 있는 일들이 점점 줄어들고 있어서 아쉬웠는데 지난 2학기에 기획했던 도당 농부 프로젝트는 팬데믹으로 지친 우리 학교 선생님들과 학생들에게 힐링의 시간을 제공하였다.

또한 팬데믹으로 인해 환경의 문제가 크게 대두되고 있는데 학교에서 환경 교육의 시작점으로 텃밭 가꾸기를 할 수 있어서 더없이 좋은 기회가 되었다. 환경의 소비자로서만 교육받았던 아이들이 자연스럽게 생명을 키워가면서 생산자의 역할도 함께 배워 가는 귀한 시간이 이어졌다.

올해는 학부모님들께서도 도당 농부 프로젝트에 참여해 주셨다. 멀리서 지켜보는 방관자가 아니라 학교 속으로 들어와서 동행해 주시는 학부모님들 모습을 보니 식물을 키우시는 것처럼 협력해서 아이들을 잘 키워 낼 수 있을 거라는 확신이 들었다. 올해는 텃밭 식물에 열매가 열리듯 기분 좋은 일들이 주렁주렁 열리는 기분이 들었다. 학부모님들이 곁에서 함께 하니 왠지 모르게 따뜻한 것이 마음이 든든해진다.

처음 텃밭을 조성하면서 한 가지 작은 바람을 가졌었다. 도시에서 자라는 우리 학교 아이들이 텃밭에서 작은 생명을 가꾸면서 먹는 것에 대한 소중함, 자연에 대한 경외심, 학급 구성원과의 화합 등을 알게 해 주고 싶었다. 막상 프로젝트를 진행하고 보니 아이들보다 교사인 내가 더 많은 깨달음을 얻었다. 공간이 주는 관계 회복에 대해 눈뜨게 되었고 일상이 주는 또 다른 배움과 행복 등을 보게 되었다. 학교에서는 그러한 것들을 회복할 수 있도록 많은 기회가 주어져야 하고 아이들은 학교 곳곳에서 각자의 행복을 누릴 수 있어야 한다는 생각이 들었다.

그러기 위해서 학교 교육과정은 지식적인 교과 공부뿐만 아니라 아이들 자신을 둘러싸고 있는 환경을 돌아보고 살필 수 있는 시간과 기회를 줄 수 있도록 구성되어야 한다. 특히 세계시민으로 성장하기 위해 지구의 환경에 관해서도 관심을 기울일 수 있도록 해 주어야 한다. 학생들이 앎을 삶에서 실천할 수 있도록 안내해 주는 교사의 역할이 더없이 중요하게 느껴졌다.

도당 농부 프로젝트는 혁신학교 운영 체제의 한 부분인 창의적 교육과정이라고 볼 수 있다. 이는 교육의 공공성 구현을 목적으로 학생들이 배움의 주체가 되어 행복한 삶을 살 수 있는 역량을 기를 수 있도록 교육공동체가 함께 참여하여 참된 배움을 조직하고 운영하며 성찰하는 총체적인 교육을 의미한다.

　창의적 교육과정을 운영하는 학교에는 여러 가지 특징이 드러난다. 첫째, 학생의 다양한 소질과 특성에 맞는 학습 설계를 통해 학생의 삶의 역량과 시민적 역량을 조화롭게 기르는 질 높은 교육과정을 운영한다. 둘째, 학교 및 지역의 특성과 상황을 고려한 다양하고 자율적이며 특성화된 교육과정을 운영한다. 또한, 학생들의 배움을 지역으로 확장하여 사회 구성원으로서 문제를 발견하고 함께 해결하는 교육생태계의 확장을 추구하며 교육공동체가 함께 교육과정을 만들어 간다. 셋째, 모든 학생이 배움의 주체가 되어 자신의 고유성, 독자성 및 잠재력을 계발하고 배움의 과정에서 자신의 꿈을 구체화하며 삶의 역량을 기른다.[39]

　이러한 창의적 교육과정 운영은 학교마다 다양한 빛깔로 나타나 아이들의 삶을 행복하게 만들어 주는 요소가 된다. 따라서 창의적 교육과정의 편성과 운영은 혁신학교에서 더욱 중요한 의미가 있다 할 수 있다.

　아이들의 배움은 오늘도 텃밭에서 실천적인 삶을 통해 더욱 단단해지고 있다. 우리 학교에서는 선생님들은 도당 농부 프로젝트를 비롯한 환경 교육을 통해 그 일을 계속해 나가기 위해 노력해 나갈 계획이다. 처음 시작한 프로젝트라서 선생님과 학생들 모두 어설펐지만,

---

[39] 혁신학교이해자료(2021, 혁신학교 우리가 만들어갑니다.)(2021. 6. 경기도교육청)

앞으로는 좀 더 능숙하고 멋진 농부로 거듭날 것을 기대해 본다. 그리고 우리 학교 교사, 학생, 학부모님들이 친환경적인 자연 공간 속에서 더욱 끈끈해지면 좋겠다.

"햇살 좋다. 우리 텃밭에 토마토 잘 자랐는지 보러 갈까?"

"네. 선생님!"

오늘도 우리는 행복한 농부가 되어 텃밭으로 달려간다.

공간 주권과 학교 공간 혁신

공간 주권은 프랑스 사회학자이며 공간철학자인 앙리 르페브르(Henri Lefebvre)가 처음으로 제기한 개념으로 공간 사회학에서는 일반화된 개념이다. 그는 공간을 권력의 관점에서 비판적으로 성찰하며 평등한 공간 재구성에 대한 권리를 주장하였다. 이것을 학교에 적용하면 학생들이 학교라는 공간 안에서 주인의식을 가지고 능동적으로 살아가며, 공간을 주도적으로 구성하고 변화시킬 수 있는 권리이다.

이에 학교는 주인인 학생과 교사가 스스로 학교 공간을 어떻게 구성할 것인가 주체적으로 결정하고 변화시킬 수 있도록 해야 한다. 특히 학교 공간을 더 나은 공간으로 변화시키는 과정에도 단순히 학교 공간의 사용자로서가 아니라 자기 주도성을 갖고 적극적으로 학교 공간을 변화시켜 가는 민주적 학교 공간의 생산자가 될 수 있도록 할 필요가 있다.

이처럼 학생들이 공간 주권을 실현하여 주인의식을 가지고 학교 공간을 주도적으로 구성하고 변화시킬 수 있는 환경을 조성해 주는 것이 바로 학교 공간 혁신이다. 근대적 구조를 바꾸는 학교 공간 조직의 변화, 민주적 공간 구조와 개인 공간 조성, 교육적 비전에 맞춘 학교 공간 재구조화, 지역과 함께하는 학교, 교육과정과 교육방법에 대응하는 유연하고 민첩한 교육 공간, 학생 중심 학습 공간 조성, 다양한 학습 공간으로의 재구조화, 공동체 참여 설계 과정에 의한 공간 주권의 실천 의미를 담고 있다.

출처 : 2019 교육부 보도자료. 학교 공간 혁신 민주시민교육과 만나다

학교 민주주의 지수

'학교 민주주의 지수'란 학교가 얼마나 민주적인 문화를 만들어가는지 확인할 수 있는 지수이다. 학교 문화를 객관적으로 측정하는 도구로 활용되며, 학교의 자율과 자치 등 민주주의 관점에서 학교의 문화를 진단하고 해결책을 찾기 위해 사용된다.

학교 민주주의 지수를 측정할 때는 학교가 민주적인 가치 체계를 형성하고 공유하는지, 민주적 소통과 수평적인 관계를 맺고 있는지, 인권 친화적 학교 문화를 설정하고 있는지를 중요하게 생각한다. 따라서 학교 민주주의 지수는 민주적 학교 문화 구현과 민주시민 교육 활성화를 위한 불가피한 선택이라고 할 수 있다.

학교 민주주의 정착을 위해 교육청과 학교에서는 학교평가에 이 지수를 활용하고 있으며 이에 대한 학교 공동체 구성원의 인식 전환, 교육과정, 교육방법, 교육평가를 비롯하여 학교 행정, 관리, 경영까지 모든 영역에 이르기까지 객관적 수치로 확인한다. 이러한 노력은 자율과 자치에 기반을 둔 학교 일상의 민주주의 확산, 학교 민주주의를 통한 학교자치를 구현하기 위한 것이다.

또한, 학생·교사·학부모 교육의 3주체의 역할을 정립하고, 학교 교육 활동 참여를 일상화하고자 하는 것이다. 더 나아가 학교다움에 대한 교육 주체들의 민감성 향상 및 교사의 역할에 대한 인식을 개선해가고자 한다. 민주적인 문화를 수치로 온전하게 측정할 수 없지만, 구체적인 데이터 없이 학교가 변화되어 가고 있다고 말할 수 없기에 객관적 수치로 측정하면서 민주적인 학교 문화를 조성해 나가기 위한 혁신 교육의 추진 노력이라고 할 수 있다.

출처 : 2021 경기혁신교육 정책 이해

교장 공모제 운영

교장 공모제는 2007년 시범 운영으로 처음 시도되었다. 기존 교장 발령의 경우 해당 학교에 대한 이해가 부족할 수 있다는 우려가 있어 학교 운영계획서를 제출하여 지역과 학교 이해를 도모할 수 있도록 제도적으로 보완한 것이다. 이는 초·중등 교육 분야 교육자치를 강화하고 단위학교의 자율 운영을 지원하며, 혁신학교의 운영 성과를 확산하고 학교 혁신을 지속적으로 추진하기 위해 교장 공모제를 통한 단위학교 구성원의 요구를 반영한 것이다. 또한 승진 위주의 교직 문화 개선 및 교장임용 방식 다양화를 통해 교직 사회의 활력 제고를 위해 추진되고 있다.

현행법상 교장 공모제는 3가지 유형인 초빙형, 내부형, 개방형이 있다. 초빙형은 교장 자격증 소지자가 지원하며, 내부형은 교장 자격증 소지자 또는 교장 자격증 미소지자로 초·중등학교 교육 경력 15년 이상인 교육공무원 또는 사립학교 교원에 해당한다. 개방형은 교장 자격증 소지자 또는 미소지자로 해당 학교 교육과정에 관련된 기관 및 단체에서 3년 이상 종사한 경력이 있는 자로 교장 자격증 유무와 관계없이 공모할 수 있다.

내부형은 자율학교의 50%로 비율을 제한하고 있고, 개방형은 특성화 학교나 특목고에 한정된다. 공모 교장은 임기 동안 중간 평가와 최종 평가 총 두 번의 평가를 받는데, 학교 운영 계획, 평가 계획 및 장학 결과, 학업성취도 등 학생 성과 향상도, 학교 구성원 만족도 조사 등을 평가하여 다른 교장과는 다른 방식의 평가 시스템을 가지고 운영한다. 교장 공모제는 혁신교육과 연결되는 정책이기도 하다. 혁신학교는 학교 구성원이 만들어 가는 학교이기에 교장 공모제의 취지와도 어울리며 교육자치 측면에서 지속해서 늘려가고 있다.

출처 : 2021학년도 교장공모제 추진 계획(2021. 교육부)

PART 5

우리 교육이
가야 할 길

우리가 지향해야 할
학력이란?

우리는 종종 매스컴에서 이런 기사를 접한다.

'혁신학교 늘고, 기초학력은 떨어져'

'공부하지 않는 혁신학교'

혁신학교 학력에 대한 우려의 말들이 기사로까지 쏟아지는 것이다. 혁신학교는 공부하지 않고 노는 학교이며 혁신학교로 지정이 되면 학력이 떨어질 것을 우려하여 혁신학교 지정에 반대하는 행렬이 이어지기도 한다.

초창기 혁신학교 지정은 존폐 위기의 작은 학교나 주변 환경이 열악한 지역의 학교를 대상으로 했다. 따라서 대부분 형세가 기울어져 가는 작은 학교[40]를 살리기 위해 지정되었고, 이후에도 교육 여건이 좋지 않은 곳에서부터 지정되었다. 이에 혁신학교로 지정된 곳은 학생들의 기초학력이 낮은 것 또한 사실이었다.

그러나 2018년 7월 한국교육과정평가원이 7년간(2009~2016)의 초
중고에 이르는 전국 단위 국가 수준 학업성취도 평가 자료를 이용해
발표한 〈혁신학교 성과분석〉[41]을 보면 일반 학교와 혁신학교의 학업
성취도는 크게 다르지 않게 나타났고, 동일 지역 내에서는 혁신학교
의 성적이 더 높게 나타났다. 또한 혁신학교에 입학하기 전 우려했던
성취도 하락에 대한 문제를 느끼는 정도는 매우 낮게 나타났음을 알
수 있다.

혁신학교는 교육공동체의 협의로 혁신학교로 지정되는 순간부터
교장 선생님은 자신의 권위를 내려놓고 민주적인 학교를 만들기 위해
노력한다. 교사들 또한 행복한 학교를 만들기 위해 더 큰 노력과 헌신
을 해야 한다. 매스컴의 우려대로라면 혁신학교가 되는 순간부터 공
부를 시키지 않아 학력이 떨어지고, 노는 학교가 된다는 것인데 혁신
학교에 근무하는 교사의 입장에서 기운 빠지는 일이 아닐 수 없다. 교
사들은 일반 학교든 혁신학교든 아이들을 잘 가르치기 위한 교육적
책임을 저버리지 않기 때문이다.

오히려 혁신학교에서는 수업과 학생에 대해 더욱더 많이 고민하
고 연구한다. 지식 주입의 전달식 수업, 경쟁을 통한 입시교육으로 아

---

40 경기도 광주 남한산초등학교는 작은 학교에서 시작된 혁신학교의 효시이다. 2001년 지역 주민과
교장, 교사들이 폐교를 막기 위해 새로운 학교를 만든 첫 사례이고 이는 농산어촌의 작은 학교에
영향을 미치며 확산되었다.

41 혁신학교 성과분석(2018, 교육부)

이들을 교육하지 않는다고 해서, 또 학생활동 중심수업으로 배움의 방식을 달리한다고 해서 노는 학교로 치부되거나 학력이 떨어진다는 우려는 받아들이기 힘들다.

혁신학교에서는 다양한 방법으로 아이들에게 즐거운 배움을 느끼게 하고자 노력하며 아이들의 기초학력을 위해서 지식 전달에 대한 수업도 놓치지 않고 있다. 혁신학교에서는 학업에 흥미를 잃은 학생들의 학습 의욕을 고취하고 기초학력을 향상하기 위해 더 노력하고 있다는 편이 맞는 말이다. 따라서 혁신학교를 향한 '학력이 떨어지는 학교, 공부를 안 시키는 학교'라는 오명은 열심히 교육하고 있는 혁신학교 교사들의 사기를 떨어뜨리는 요인이 되기도 한다.

혁신학교는 지금까지 배움으로부터 점점 더 멀어지는 아이들을 위해 새로운 교육 형태를 바탕으로 입시 위주의 교육보다는 아이들의 전인적 교육을 위해 노력해 왔다. 학력의 개념을 단지 기초 지식 획득 능력으로 한정 짓고 교육을 획일적 방향으로만 바라보는 시선에 대해 다시 한번 생각해 봐야 하지 않을까?

또한 공교육을 살리기 위한 모델로 등장했던 혁신학교는 이제 더 나아가 미래교육 모델을 지향해 가고 있다. 사회 구성원들과 교육공동체의 교육 방향에 대한 인식이 달라지고 있으며 새로운 교육에 대한 열망으로 혁신학교가 지정되고 있다는 사실도 간과할 수 없는 사실이다.

우리가 지향하고자 하는 '학력'이란 개념에 대한 폭넓은 인식이 필요한 시점이 아닐까 한다. 『배움으로부터 도주하는 아이들』[42]에서 학력이란 말은 유난히 모호하게 사용되어 혼란을 주고 있으며, 다양한 의미로 사용되는 만큼 학력의 의미를 하나로 확정하는 것은 불가능하다고 말한다. 이런 와중에 일본 문부과학성에서는 신학력의 개념을 '살아가는 힘'으로 새롭게 정의한 것이 눈에 띈다. 하지만 여전히 우리 사회는 전 국민에게 통용되는 학력이 그저 '기초 지식 획득능력' 또는 '국·영·수를 잘하는 능력'으로 쓰이고 있는 건 아닌지 묻고 싶다.

사전적 의미도, 교육 현장에서도 마찬가지로 학력을 기초학력 즉 3R(읽고, 쓰기, 말하기) 등의 기초 지식 획득능력 또는 지식의 양으로 정의하는 예가 많다. 그리고 매체에 빠져 있는 요즘 아이들에게 그 중요성을 무시할 수 없다고들 말한다. 즉 미래사회에도 기초지식이 있어야 창의력도 나온다는 의견이 거의 지배적이다.

기성세대는 지식을 암기하여 정답을 맞히고 그 지식을 입시에 활용하기 위해 공부했던 세대였다. 그래야 좋은 학교에 들어갈 수 있었고, 출세할 수 있었으니 선택의 여지가 없었다. 한 줄 세우기 입시 경쟁이 당연하게 여겨졌고 학교는 소수의 공부 잘하는 아이들의 놀이터였다. 이런 시스템에 맞추어진 국·영·수에 대한 지식 획득능력이 학력이었고, 능력이었고, 그것을 키우기 위한 것이 학교였다.

---

[42] 사토 마나부(2003), 북코리아

그러나 앞으로 우리가 살아갈 미래사회에 필요한 학력은 이러한 협의의 학력만은 아닐 것이다. 학교 또한 협의의 학력 개념만을 가르치며 1등의 삶만을 쫓아가서는 안 된다. 모든 학생이 배움을 통해 중요한 삶의 가치를 깨닫고, 자신의 미래를 계획하고 행복한 삶을 누리기 위한 준비를 할 수 있도록 해 주어야 한다. 미래사회는 이전의 세상과는 급격히 달라질 것이고 이미 달라지고 있다.

미래사회에 가장 필요한 역량으로 꼽히는 유연성, 창의성, 협업능력, 문제해결 능력, 자기 주도적 학습능력 등은 어떻게 길러 줄 수 있을까? 1교시부터 7교시까지 선생님의 1시간 강의를 철저하게 들으면서 시험에 나오는 것에 줄을 치고 외우기만 하면 얻어질 수 있는 것일까? 성적과 입시를 위해 줄 세우기를 하는 교육에서 얻어질 수 있는 것인가? 이제 새로운 교육을 지향해야 하는 시점에서 학력의 개념을 재정비해야 한다. 우리가 진정 원하는 학력은 무엇일까를 염두에 두고 철학을 가지고 교육해야 할 시기가 도래했다고 생각한다.

현장에 있는 대부분 교사는 요즘 학생들의 기초학력 부진에 대해 심각성을 이야기한다. 그러나 그것은 혁신학교의 문제가 아니라 지금 아이들의 양상이라고도 볼 수 있다. 재미있고, 자극적인 것들에 둘러싸인 요즘 아이들이 공부와 멀어지는 것은 당연한 일이다.

입학하기 전부터 기초학력이 떨어져 있거나 공부에 흥미를 잃은 아이들도 상당수다. 그러니 국·영·수 학습을 잘하는 기초학력 향상뿐만 아니라 공부에 흥미를 잃은 아이들을 위한 즐거운 배움의 경험을 제공하는 일이 시급하다. 학력 문제의 핵심은 '공부'에서 '배움'으로 전환하는 것이다.[43] 즉 배움을 통한 힘을 기르는 것이다. 이제는 끊임없이 회자하는 학력에 대한 시선을 바꾸어 앞으로 궁극적으로 우리가 지향하는 학력이 무엇인지 성찰하고, 아이들을 어떤 배움으로 안내할 것인가에 대해 답을 찾아야 한다.

혁신학교에서는 지식 전달뿐만 아니라 수업에서 삶의 문제를 해결해 가도록 여러 가지 수업 방법을 적용한다. 특히 학습이 부진한 아이와 자는 아이들도 함께 배울 수 있는 방법을 연구한다. 지식 탐구에서 즐거움을 찾을 수 있도록, 배움에서 삶을 살아가는 힘을 얻을 수 있도록, 잘하는 아이와 못하는 아이가 한데 어울려 협력하며 배울 수 있도록 고심하며 그 속에서 참된 학력을 만들어 가고자 한다.

이렇게 자란 아이들은 분명 이전 세대보다 더 많은 유연성과 긍정의 마음을 가질 것이고, 어떤 시대가 와도 배움에서 터득한 힘을 발휘할 것이다. 그런 학력을 만들어 가기 위해서는 수업 방법 연구, 평가 변화, 적정 인원의 교실 배치, 교사 교육과정, 수업 공간 재배치 등의 여러 가지 요소들이 뒷받침되어야 한다. 우리 사회도 이제 능력주의에서 사용되고 있는 학력의 개념보다는 더 큰 정의의 학력을 함양하

---

43 사토 마나부, 『배움으로부터 도주하는 아이들』(북코리아, 2003), 110.

기 위해 인식의 개선이 필요할 것이다.

아이들을 교육하면서 정말 필요하다고 느낀 것은 지식을 천만 개 알고 있는 것보다는 배움을 통해 얻게 되는 힘이라고 생각한다. 아이들이 미래에 가졌으면 하는 학력도 바로 삶의 근육, 즉 '삶을 지혜롭게 살아갈 힘'이었으면 한다.

지식의 양이 아닌 배움을 통해서 지금을 살아갈 수 있는 힘, 내일을 개척해갈 힘, 비전 있는 삶을 그릴 수 있는 탄탄한 힘을 '학력'이라고 정의하고 싶다.

지금 무엇을
가르치고 있나요?

수업 혁신에 대한 관심이 대두되면서 자고 일어나면 수많은 수업 방법이 쏟아져 나왔다. 배움 중심수업, 거꾸로 수업(flipped learning)[44], 백워드 설계[45], 교육과정-수업-평가-기록 일체화, 비주얼 씽킹, 협동학습, 슬로우 리딩, 한 학기 온 책 읽기, 하브루타, 프로젝트 등등 그 방법도 무척 다양하다. 이에 발맞춰 교육지원청에서는 새로운 교수 방법이 나올 때마다 교사들에게 안내하고 수업에 활용하기를 독려한다.

하지만 이러한 연수는 처음에는 신선하게 다가와 교사들을 현혹하기도 하지만 때로는 그동안의 교육 방법을 바꾸어 수업 혁신을 이

---

44 역진행 수업 또는 플립 러닝, 거꾸로 교실로 불리며 수업 시간 전에 미리 수업을 보고 수업 시간에는 학생들과의 상호작용에 초점을 두는 학습 방식이다.
45 백워드 설계 모형은 미국의 낙오학생방지법에서 비롯된 모형으로 목표 설정-평가 계획-수업활동 계획 순서로 진행된다. 학생참여형 수업을 설계할 수 있도록 교육과정을 재구성하는 한 방법이다.

끌어 갈 것을 조용히 요구하고 있었다. 나 또한 새로운 것을 배우고 수업에 도입해 보면서 많이 배운 것도 있지만 때론 너무 많은 종류의 수업 모형 때문에 머리가 아플 지경이었다.

최근에는 팬데믹으로 인해 예상보다 빠르게 원격수업 시대가 도래하면서 교사들에게 수업 방법에 대한 압박은 더욱 커졌다. 많은 것을 배워서 사용하지 않으면 도태될 것 같은 불안감도 함께 느껴야 했다. 요즘 교사들에게 안내되는 연수들은 모조리 기술적인 수업 방법에 대한 것들이다. 덕분에 선생님들은 원격 도구를 비롯하여 새로운 수업 모델의 홍수에 빠져서 허우적대고 있는 모양새다.

잘 적응하지 못하는 선생님들은 격세지감을 느끼며 자책을 하기도 했고, 자연스럽게 자신을 구식이라 여기며 명예퇴직의 길을 걷기도 한다. 혁신이라고 이름 붙인 방법들이 도입될 때마다 그렇게 교사들은 자신만의 수업 목적을 잃어 가고 있는 건 아닐까? 이쯤에서 우리는 수많은 수업 기술을 돌아보며 잠시 내가 무엇을 교육하고자 하는지 물음을 던져야 하지 않을까 한다.

- 쏟아지는 수업 모델을 적용하여 무엇을 가르치려고 하는가?
- 혹시 껍데기만 있고 알맹이는 없는 수업을 하고 있지는 않은가?
- 아이들이 꿈을 실현하도록 하기 위해 수업 속에서 어떤 가르침을 주어야 하는가?
- 아이들이 잘 성장할 수 있도록 교과 속에서 어떤 배움들을 나눠야 하는가?

- 어떤 마음가짐으로 아이들을 사랑하며 수업 속에서 교감할 것 인가?

원격수업 도입 초기에 온라인수업을 잘하기 위해 여러 가지 제작 도구를 배웠다. 그 수업 기술을 배우는 것은 그야말로 끝도 없어서 모든 것을 다 배우기엔 능력도 안 되었고 피로감이 밀려올 뿐이었다. 그런가 하면 제작 도구를 활용해 수업을 잘 만들어 놓고도 인터넷 상황 등으로 인해 제대로 진행되지 않는 경우도 많았다. 어떻게든 진행해 보려고 진땀을 흘리며 수업 시간 내내 당황하다가 결국 하려던 수업을 포기했던 적도 많았다. 이렇게 우왕좌왕하며 수업을 망쳤던 경험이 내 수업을 성찰하게 해 준 고마운 계기였다.

뭣도 모르고 계속 남만 따라가다 보니 알맹이는 없고 껍데기만 화려한 수업을 했던 것이 남의 옷처럼 잘 맞지 않았다. 그때부터 온라인 도구에 내 수업을 저당 잡히지 않기로 마음먹었다. 아이들과 원활하게 만날 수 있는 기술이면 충분했다. 아이들을 살리는 교육은 비단 기술에만 있지 않기 때문이다. 그 시간에 아이들과 더 따뜻하게 이야기하고 소통하며 관계 형성에 시간을 투자하는 것이 더 행복한 수업을 만들어 주었다.

원격수업의 혼란 속에서 좌충우돌했던 내 경험이 잊고 있었던 교육의 목적을 다시 일깨워 주었으며 아이들을 성장시킬 수 있는 교육에 대해 고민하게 해 주었다. 우리가 쫓아다니던 연수는 무엇을 위한 것이었을까? 어쩌면 교육의 본질은 없어지고 유능하게 수업을 잘 해내는 방법만이 존재했던 건 아닌지 묻고 싶다.

혁신학교에서도 마찬가지로 다양한 수업 방법들이 도입되면서 활동 중심수업 등에 힘을 쏟고 있다. 하지만 이런 수업들은 주객이 전도되어 새로운 활동을 보여주는 것에 집착하는 경우가 많았고, 아이들이 배움의 목표에 이르고 있는지는 나중 일이었다. 이제 왔던 길에서 잠시 멈춰 서서 선생님들의 교육철학을 되돌아보고 아이들의 교육적 성장을 위해 내 수업은 어디에 초점을 두어야 할지를 생각해 보았으면 한다. 우리에게 가장 필요한 것은 특별한 수업 기술이 아니라 아이들을 마음껏 사랑하고 수업을 통해 삶에 대해 함께 고민하며 아이들에게 더 나은 세계를 보여주는 일일 것이다.

"선생님이 하고 계신 수업은 어떤 교육의 목적과 비전을 가지고 있습니까?"

아이들의 성장을 위한 교사로서의 목적과 비전을 가지고 있다면 특별한 기술 없이도 지금 하는 수업만으로 충분히 훌륭하다. 새로운 모델을 적용하지 않더라도 배움에 이르는 수업이라면 충분히 가치 있는 수업이며 그것이 우리가 추구하는 방향이라고 말하고 싶다.

자신의 수업에서 교육철학에 대한 고민이 깊어질 때쯤 우리는 수업 방법에 대한 압박에서 조금은 자유로워질 것이다. 이제 교육의 목적을 들여다보고 나의 수업 철학을 세울 때이다.

아이들을 성장시키는 평가는 어떤 것일까?

　지필평가 날에 초조함과 불안으로 시험지를 풀었던 학생에서 지필평가를 감독하는 교사로 신분의 변화가 있었지만 여전히 그때나 지금이나 시험 날은 긴장된다. 내 앞에서 시험을 보는 아이들 역시 마찬가지다. 그런 아이들을 보고 있자니 왜 아직도 이런 시험이 유지되고 있는 것인지 의문이 들었다. '왜? 이렇게 한날한시에 모두가 같은 시험에 응시해야 하는 거지?' 수행평가로 지식을 평가하는 것과 일제고사 시간에 객관식 시험으로 지식을 평가하는 것의 차이를 여전히 모르겠다. 일제고사는 공정하고 수행평가는 공정하지 않다는 사고에 근거한 시행원칙인지, 그렇다면 그 많은 수행평가는 다 공정하지 않게 치부되어야 하는 것인지 해가 거듭될수록 의문투성이다.

　객관식 답안에 옳고 그름을 판단하느라 정신이 없는 학생과 객관성을 확보하기 위해 오지선다형 객관식 문제가 가득한 시험지, 공정함을 위해 주어진 시간 안에 모두 같은 방식으로 시험을 치르는 이 방식이 갑자기 불편하게 다가왔다. 평가의 진정한 목적은 학생의 성취도를 변별하는 기능을 통해서 그 학생이 완전학습할 수 있도록 해 주는 것이 아니었던가?

지필평가는 한순간에 모든 것이 종료되고 그것이 점수로 매겨질 뿐이다. 자신의 속도대로 풀어 답을 찾아가는 것이 맞는 것일 텐데 우리는 공정함의 잣대라는 것으로 속도가 다른 아이들에게 1분 1초도 따로 허락하지 않는다. 시간을 넘기면 부정행위라고 낙인찍어버리는 냉혹한 시험이 바로 일제고사 지필평가이다.

아이들은 점수에 따라 빵점 인간이 되기도 하고, 100점 인간이 되기도 한다. 심지어 고등학교에서는 사람에게 등급까지 매겨지니 정말 이 상황이 교육적인가? 공정하다고 믿는 객관식 시험으로 공정하게 매겨지는 순위가 시험 시간마다 불편한 진실처럼 나를 짓누른다.

평가 자체에 목적을 둔 지필평가에서 벗어나 공부의 과정에서 배운 내용을 점검하고 체득할 수 있는 교사별 평가의 확대가 필요하다. 사실 아이들의 학습 성취도를 평가하는 일은 교사가 수업 시간에 실시하는 평가로도 충분하다.

수행평가 채점을 하다가 거의 쓰지 못한 답안지를 보고 한숨이 나왔다. 수업 시간에 멀쩡하게 듣는 것 같았는데 아니었다고 생각하니 가슴이 답답했다. 아이를 불러 "정수야! 이번 시험 결과가 좋지 않은

데 혹시 공부는 했니?"라고 걱정스럽게 묻자 "전 괜찮아요. 원래 이래서요."라는 답변이 돌아왔다. 정수에게 진심을 담아 이야기를 해 주었다. "넌 이제 시작하는 나이인데 벌써 포기하면 안 돼. 선생님이 도와줄게. 정수는 충분히 잘할 수 있어." 이야기를 가만히 듣고 있던 정수는 엷은 미소를 띠며 자리로 돌아갔다.

얼마 동안 바쁘다는 이유로 수행평가를 보고 피드백보다는 아이들에게 점수만 확인하는 일을 반복적으로 해 왔던 나 자신을 반성했다. 아이들은 시험을 통해서 무엇을 얻어 갈 수 있을까?

선생님의 한마디 피드백으로도 점수의 불안에서 빠져나와 더 나은 성장을 계획할 수 있을 텐데 그런 기회를 만들어 내기란 좀처럼 쉽지 않다. 혼자서 많은 아이를 담당하고 있는 교과 담임으로서 그 많은 아이에게 피드백하는 일은 열정도 필요하지만 상당한 시간이 요구되는 일이기 때문이다. 평가에서도 개별 피드백이 가능하도록 학급 적정 인원 배치의 제도적 장치 개선 및 시스템 보급이 시급하다.

수행평가는 지필평가의 대안으로 등장했다. 지필평가보다는 아이들의 성장 과정을 잘 살펴볼 수 있지만 평가의 이원화 구조로 인해 오히려 아이들에게 더 많은 부담을 주고 있는 것이 사실이다. 여러 과목마다 영역별 수행평가를 치르노라면 칠판에 수행평가라고 적힌 문구가 지워질 날이 없다.

그야말로 아이들은 성장이 아니라 몸살을 앓고 있다. 이제 수행평가 역시 아이들에게는 평가의 의미 그 이상도 이하도 아니다. 교사에게도 역시 업무로 전락한 지 오래되었다.

　현재 중·고등학교에서의 평가가 아이들을 제대로 성장시키기 위한 것에 초점을 맞추고 있는지를 묻는다면 누구도 자신 있게 대답하지 못할 것이다.

　지금껏 학교 현장에서는 수업 혁신을 위한 노력은 많았던 반면 성장중심평가[46]에 대한 고민은 부족했다. 지필평가든 수행평가든 단순히 학습 내용 이해 정도를 진단하고 성적으로 서열을 매기는 데만 급급했다. 교사들에게도 평가는 그저 늘어난 업무에 불과했기에 아이들의 성장을 들여다볼 여유도, 그럴 이유도 없었다.

　성장중심평가를 위해서는 학생의 배움과 교사의 가르침을 지속해서 성찰하고 개선하여 성장을 지원할 수 있어야 한다. 평가를 통해 학생의 성장과 발달을 촉진하여 참된 학력과 핵심역량을 기를 수 있도록 해야 하며 획일적 평가에서 벗어나 다양한 수행평가를 통해 학생의 성장 과정을 살필 수 있어야 한다.

　또한 정의적 능력 평가까지 확대하여 참된 학력의 의미를 구현할 수 있어야 하며 현재의 지식 측정보다는 학생이 앞으로 얼마나 더 성장할 수 있는지에 초점을 맞추고 모든 학생이 성장할 수 있도록 도와

---

[46] 성장중심평가란 학습의 과정과 결과에 대한 피드백을 통해 학생의 성장과 발달을 돕는 평가로 기존의 지식 전달 중심수업에서 학생 중심의 배움 중심수업과 학생 삶과 연계된 수업을 가능하게 한다. 또한 입시 위주의 경쟁 구도에서 벗어나 학생들의 전인적인 성장을 도모하기 위한 효과적인 평가 시스템이다.

야 한다.

그러기 위해서는 평가와 수업을 분리하지 않고 평가 자체가 수업과 연계되도록 하여 지속적으로 학생의 성장과 발달을 관찰할 수 있어야 한다. 교사는 그 과정을 통해 교수·학습 방법을 개선하며 학생과 교사 모두가 발전할 수 있도록 해야 한다.

결국 성장중심평가는 평가의 방법이 아닌 학생 개개인의 잠재 능력 향상을 평가에 중점에 두는 미래지향적 평가 패러다임이라고 할 수 있다. 배움 중심수업의 연장선상에서 수업의 혁신을 넘어선 평가의 혁신을 의미한다. 학교 현장에서는 역량기반 교육과정에 기초한 배움 중심수업을 통해 학생들이 경쟁과 결과 중심의 평가에서 벗어나 삶의 역량을 키워 나갈 수 있도록 해야 할 것이다.[47]

초등학교에서 평가는 배움 과정의 연속선상에서 진행되지만 중학교에서는 지필평가를 통해 서열 매기기가 다시 시작되고 고등학교에서는 입시와 맞물려 공정함을 대변하는 신성불가침의 영역이 된다.

현장의 선생님들은 대학의 입시가 바뀌지 않는 한 우리가 바라는 교육은 헛된 이상이고 시도 또한 헛발질일 뿐이라고 말한다. 초등학교, 중학교 때 수업을 개선하고 성장중심평가를 의논한다 한들 모두 입

---

[47] 2021학년도 중등 학생평가 도움 자료(경기도교육청, 2021.2), 경기 혁신교육 정책 이해(경기도교육청, 2020)

시 앞에서 가로막히고 만다. 맨 위의 꼭지가 변하지 않는데 밑에서만 아등바등하고 있는 꼴이라는 것은 말하지 않아도 모두가 알고 있다.

학교 현장에서의 평가는 여전히 대입 정신과 맞물려 공정성과 객관성을 우위에 두고 서열 매기기에 급급하다. 하지만 그래도 조금씩 입시에서도 학생의 성장을 말하며 변화되어 가고 있는 중이다.

교육에 대한 변화와 개선의 열망이 있다면 평가에서도 아이들의 성장을 말할 때가 온다는 것을 우리는 알고 있다. 이상주의자라고 치부해도 경쟁 교육에 찌든 아이들을 행복한 교육으로 살릴 수 있다면 교사로서 할 수 있는 작은 발걸음이라도 시도하고 끊임없이 나아가면 될 일이다. 변하지 않을 것이라고 시도조차 하지 않는 것은 교육자의 자세가 아니다.

현재 시행되고 있는 지필평가, 수행평가 시스템은 과연 아이들의 성장을 위한 평가인가? 배움과 평가 자체가 아이들에게는 성장의 기회가 되고, 자신의 미래에 대한 성찰의 기회가 될 수 있도록 교육적 노력이 필요한 시점이다.

혁신학교에서부터 그 변화가 시작되고 있지만 아이들을 성장시킬 수 있는 평가에 대한 사회적 합의, 교육적 비전을 함께 그려 보는 현실적인 개선 방안이 빨리 마련되었으면 하는 바람도 가져 본다.

마을과 함께 자라는 아이들

　　2018년 여름, 부천에서 출발한 버스는 두 시간여를 달려 홍성에 도착하였다. 부천의 혁신학교 선생님들끼리 마을학교인 풀무학교를 탐방하기 위해 모인 날이었다. 낯선 마을과 학교를 탐방한다고 생각하자 왠지 설렜다. 먼 길을 달려 도착한 곳은 한적한 시골 마을이었는데 고불고불 동네 길을 올라가니 저 멀리 풀무학교가 보였다.

　　충남 홍성군 홍동면에 있는 풀무학교[48]는 더불어 사는 평민을 키우는 것을 목표로 하는 풀무농업고등기술학교의 다른 이름이다. 지역과 학교가 더불어 사는 삶을 실천하는 곳으로 마을교육공동체가 잘 갖춰져 있으며 홍동면의 대부분 주민이 학교에서 시작된 풀무신협의 조합

---

48 풀무농업고등기술학교(풀무학교)는 1958년 충남 홍성군 홍동의 주옥로와 오산학교를 세운 남강 이승훈의 종중손 이찬갑이 공동으로 설립한 학교이다.

원으로 활동하고 있다. 막연한 호기심으로 시작한 여행이었는데 풀무학교가 아이들을 키우는 방식뿐만 아니라 학교와 마을이 상생하는 방법을 생생하게 배울 수 있는 유익한 시간이었다.

　주말이었던 학교는 그야말로 평화로움 그 자체였다. 모든 것이 학교가 아니라 편안한 동네처럼 느껴졌다. 도시에서만 교직 생활을 했던 탓에 학교가 뿜어내는 안온함에 금세 마음을 뺏겨버렸다.

　먼저 풀무학교의 교장 선생님께서 학교설립 취지부터 교육과정, 마을공동체 등에 대해 자세히 설명해 주셨다. 풀무학교는 작은 학교의 장점을 살려 아이들과 교사들이 주체적으로 배움 활동을 하기 위해 노력하고 있었다. 특히 홍동마을과 이어지는 마을교육활동은 더 인상적이었다.

　학교 곳곳을 둘러보니 기존 학교의 모습과는 다른 공간들이 많았는데 칠판이 앞뒤로 있어 마음껏 문제를 풀면서 공부하도록 만들어진 수학 교실은 조금 더 특별하게 다가왔다. 어릴 적 그렇게 싫었던 수학도 어쩌면 재밌어질지 모른다는 생각이 들기도 했다.

　다음으로 마을에 있는 카페와 마을도서관, 협동조합 등을 방문했다. 마을과 학교가 아이들을 공동으로 길러 내는 곳이었다. 책으로만 읽었던 마을공동체에 대한 이론들이 살아 움직이는 것처럼 실감났고 신선하게 느껴졌다. 홍동마을과 풀무학교는 그야말로 학교와 마을이 함께 아이들을 길러 내고 그 후 다시 마을에서 함께 살아가도록 만드는 선순환의 장소들인 것 같았다.

담임 교사 시절 주변 환경이 좋지 않은 곳에 사는 아이들에게 곧잘 "공부 열심히 해서 좋은 환경에 가서 살아야지. 여기서만 살래?"라고 말하고는 했다. 그 당시 내가 했던 말들은 아이들을 자극해 공부에 대한 열망을 불어넣기에는 딱 좋은 말이었다. 그러나 지금 와서 생각해 보니 그때의 나는 성공에 대해서만 가르치는 교사였다.

우리는 어쩌면 학창 시절 내내 부와 명예가 성공의 지표라고 교육받고 자랐기 때문에 교사와 학부모들에게 마을은 그저 잊히는 존재였다. 마을과 함께 자라 온 아이들이 성공한 뒤 마을을 떠나면서 마을을 잊게 하는 교육이었기 때문에 마을공동체에 대한 인식은 잊히는 것이 당연했다. 아이들이 마을을 통해 배우고 그 계기를 통해 삶을 변화시키는 힘을 기르는 공부 따위에는 관심이 없었던 것이다.

홍동 풀무학교는 학교가 사회적, 교육적 책임을 지고 아이들을 교육하며 마을과 함께 아이들을 시민으로 길러 내는 일을 하고 있다. 진정 '온 마을이 함께 아이들을 길러 낸다'라는 말의 참뜻을 일깨워 준 학교였다. 이것이 혁신학교가 꿈꾸는 미래의 모습이라면 풀무학교는 충분히 모범적인 사례가 될 만하다.

풀무학교를 경험하면서 삶을 통한 배움, 배움이 출세를 위한 것이 아니라 자신이 사는 고장을 위해 쓰일 수 있다는 것을 알게 되었다. 나아가 사회 변화를 위한 실질적인 교육을 하고 있다는 생각에 더 큰 감동이 밀려왔다. 여행을 마치고도 한동안 풀무학교의 따뜻했던 정경과 카페, 도서관, 생협의 모습을 떠올리며 마을교육공동체에 대한 희망을 어렴풋이 품게 되었다.

혁신학교 정책이 계속될수록 마을과 함께 아이들을 교육하기 위한 움직임이 점점 커지고 있다. 교육계에서는 마을에 대한 교육, 마을을 위한 교육, 마을을 통한 교육을 내걸며 교육생태계를 넓혀 가기 위한 많은 시도를 하고 있지만 대다수의 학교 현장에서는 도무지 현장감이 없으니 조금은 답답한 심정이다.

마을교육공동체에 대한 생각과 실천은 실제로 학교, 교육지원청, 지자체대로 제각각이며 특히 학교 현장에서는 그 온도가 거의 느껴지지 않는다. 혁신학교에서도 이론으로 들어 관심은 있으나 별반 다르지 않다. 따라서 학교 현장에서는 마을 교육에 대한 이야기를 꺼내기가 조심스러울 뿐이다. 학교에서는 아이들을 교육하기도 벅찬데 왜 마을과 함께 손잡고 일을 해야 하느냐며 볼멘소리를 한다. 업무적으로 생각할 때 엄청난 일 폭탄이 떨어지는 건 물론, 관리 문제, 책임 소재 등 까다로운 문제들이 따라올 수 있기 때문이다.

마을을 품은 학교는 아직도 먼 미래의 청사진이지만, 우리가 가야 할 교육공동체의 미래 모습이기도 하다. 이를 위해서 학교, 교육청과 지자체가 협력하여 마을공동체에 대한 큰 그림을 함께 구상하고 실행할 수 있게 하는 협의체가 무엇보다 필요하다.

단위학교에서는 마을교육과정[49]을 실현하는 일이 가장 현실감 있게 다가온다. 시흥에 있는 장곡중학교는 교과를 통합하여 마을교육과정을 실현한다. 통합된 마을교육과정에서는 아이들을 마을에서 자라나는 시민으로 길러내고 있다. 초·중·고가 연합하여 마을 축제를 기획하고, 교육과정 속에서 마을의 역사를 탐사하고 마을의 환경을 살리는 일, 마을을 이해해 가는 작업을 해 나가고 있다.[50]

하지만 다른 학교에서는 선생님들의 공감대를 얻어 내기가 쉽지 않다. 선생님은 선생님대로 가르칠 것이 많은데 마을 교육에 대한 교육과정 재구성까지 해서 가르치기가 버거운 것이다.

학교 교육과정에서 마을을 통해 아이들을 성장시킬 수 있다면 더할 나위 없이 좋겠지만 교육과정 재구성에 앞서 더욱 중요한 것이 있다. 선생님들께 마을교육과정을 주체적으로 그려 낼 수 있도록, 필요성을 인식하고 함께 큰 비전을 그릴 수 있도록 시간을 내어 주는 것이다. 정책적 이해도 없고, 학교 현장에서의 공감대도 형성되지 않는 모호한 상황에서 우리에게 다가온 마을은 점차 애물단지가 되어 가고 있다.

그나마 희망적으로 다가오는 것은 학교 밖 마을교육공동체라 불리는 마을학교[51]가 다양한 유형으로 실현되고 있다는 점이다. 교육생태계 구축을 위해 학교와 교육청, 지자체, 대학, 시민사회 등이 협력하고 지원하며 연대하는 교육공동체인 꿈의 학교나 꿈의 대학, 몽실학

---

49 학교와 마을 간의 분리 현상에서 벗어나 학교에서 마을로 나가 체험하고 배우며 마을의 주민이 학교에 들어와 학생들을 함께 지원하는 교육과정을 말한다. (2021. 경기 혁신교육 정책 이해)
50 박현숙 외, 『마을로 걸어간 교사들, 마을교육과정을 그리다』(살림터, 2020)

교 등도 여기에 속한다.

비록 학교 밖에서 이루어지는 활동이지만 교육의 역할을 나눠서 아이들을 키워 나가는 것에 대해 충분히 의미가 있다. 학교 안팎에서 다양한 형태로 마을과 학교의 연대와 협력을 통한 마을교육 생태계가 구축된다면 그 속에서 자라나는 아이들은 분명 자기 삶의 터전을 가꾸고 발전시키는 논의들을 통해서 마을을 배울 수 있고 실천하는 힘을 기를 수 있게 될 것이다. 또한 그 힘은 지구촌으로 이어져 세상의 구석구석을 변화시키는 힘으로도 발전할 수 있을 것이다.

마을과 함께 공동의 울타리에서 아이들을 키워 내는 일! 어린 시절 동네 어른들이 우리의 울타리가 되고, 학교가 우리 마을의 중심이 되었던 것처럼 아이들에게도 이제 교육공동체의 이름으로 마을을 돌려주어야 하지 않을까? 아이들이 마을과 학교를 통해서 삶을 배우고 세상을 변화시키는 힘을 기를 수 있도록 말이다.

다가올 미래의 교육도 특별히 다른 것이 아니라 마을학교에서 자란 아이들이 지구촌에서 안전하고 평화로운 삶을 위해 협력하며 상생할 수 있도록 세계시민으로 키워 내는 일일 것이다.

---

51 마을학교는 초·중·고 학생들과 동일한 연령대인 학교 밖 청소년들의 학습권 실현을 위해 마을교육 공동체가 함께 만들어가는 학습자 주도의 학습 배움터를 말한다. 마을학교의 목적은 학생 주도적 학교 밖 배움터 운영을 통해 학생의 꿈과 상상력을 실현하고 다양한 유형의 마을학교를 운영하여 마을과 학교를 넘나들며 배울 수 있는 학습권을 보장하는 것, 공공성에 기반한 마을교육공동체 교육력을 제고하여 학생들이 행복하게 성장할 수 있도록 지원하는 것, 연대와 협력을 통한 네트워크 구축으로 마을교육 생태계를 구현하는 데 있다.

내가 꿈꾸는 미래학교

　나의 학창 시절을 돌아보니 학교는 꼭 유쾌하지만은 않았다. 초등학교 때 수학 부진아였던 탓에 수학 시간에 앉아 있는 것 자체가 너무 불안하고 힘들었다. 더불어 좋지 않은 가정 형편 때문에 늘 자신감이 없었고 선생님께 이유 없이 혼날 때마다 다른 엄마들처럼 학교에 한 번도 오지 않는 엄마를 원망했다.

　자식 교육에 관심을 기울일 여력 없이 맞벌이를 했던 부모님 때문에 나는 늘 공부가 힘에 부쳤고, 40점짜리 점수가 적힌 수학 시험지를 장롱 속에 숨기기 일쑤였다. 쓰레기 같은 감정을 느끼기에 충분한 열등생[52]의 삶에서 허우적거리며 학교생활은 언제나 해결하지 못할 두려움들로 가득했다.

---

52 다니엘 페낙/ 윤정임 역, 『학교의 슬픔』(문학동네, 2014)

다행히 중학교 때는 좋은 국어 선생님을 만나면서 내 삶에도 변화가 시작되었다. 선생님께서 읽어 주셨던 시와 방과 후에 우리와 허물없이 이야기 나누던 일, 즐겁게 수업했던 일들은 항상 좋은 기억으로 나를 따라다녔다. 그렇게 좋은 선생님을 만나면서 교사라는 꿈도 갖게 되었고, 의욕적으로 공부한 덕분에 운 좋게 우등생이라는 타이틀도 얻었다. 그때부터 나의 학교생활은 조금씩 안정을 되찾기 시작했다.

그러다 고등학교 때 또다시 수학 때문에 고난이 시작되었다. 수학 수업이 들은 날이면 매번 일으켰던 복통과 불안 때문에 극도의 스트레스에 시달려야만 했다. 풀어도 풀리지 않는 수학 문제, 늘 악몽은 수학 문제를 풀다 깨는 꿈이었다.

그렇게 잘하고 싶은 마음과 잘하지 못하는 현실 사이에서 나는 방황할 수밖에 없었다. 학창 시절의 모든 시간이 다 추억이 되고 즐거웠다고 해도 그 부분이 내 학창 시절의 많은 시간을 힘들게 했음은 자명한 사실이었다.

결국 학창 시절에 느꼈던 학업 성취감과 재미있는 수업, 그리고 좋은 선생님을 통해 살아갈 에너지를 얻기도 했고 열등감과 불안감, 바닥까지 내려갔던 자존감 때문에 동시에 에너지를 잃기도 했었다.

교사가 된 후 내 유년 시절의 떠올리기 싫은 추억 덕분에 아이들이 안고 갈 좌절과 불안 등을 이해하고 공감해 주는 교사가 되었지만 학교는 여전히 공부 잘하는 학생의 즐거운 놀이터라는 사실이 안타깝다. 나처럼 공부 불안이 있을 아이의 문제를 다 해결해 줄 수 없다는 사실도 가끔은 나를 서글프게 만든다.

교무실에 서서 학교 곳곳을 바라보았다. 팬데믹 상황의 악화로 아이들이 오랜만에 등교하여 학교 곳곳이 다시 활기를 찾기 시작했다. 운동장이며, 교실, 뒤뜰, 식당에도 활력이 넘쳤다. 피아노 치는 아이들, 도서관에서 책 읽는 아이들, 운동장에서 뛰어노는 아이들, 벤치에 앉아 수다 떠는 아이들, 텃밭에서 식물을 관찰하는 아이들, 학교 복도를 꾸미며 미술 작품을 전시하는 아이들, 수업에 열중하는 아이들까지 교사가 되어 바라본 학교는 조금 더 자유로워졌고 조금 더 평화로워 보인다. 더 이상 학창 시절의 불안함을 심어 주는 곳도 아니다.

과연 지금 아이들에게 학교는 어떤 곳일까? 아이들도 어린 시절의 불안했던 나처럼 여전히 같은 고민을 안고 살아갈까? 어쩌면 어떤 아이들에게 학교는 여전히 견뎌 내야 할 곳이 아닐까?

21년 차 교사로 학교에서 아이들을 가르치고 있지만 여전히 학교는 정형화된 곳이고 수동적인 곳이며 그래서 변하지 않는 곳이다. 하지만 혁신학교 교사로 근무하면서 조금은 다른 꿈을 꾸곤 한다. 미래에 우리가 꿈꾸는 학교는 아니 지금 아이들이 다니는 학교는 내가 다녔던 학교와는 다르길 간절히 희망하면서.

성공과 출세보다는 행복이라는 키워드를 중심에 두고 삶의 중요한 가치를 교육하는 학교를 꿈꾸고 싶다. 배움의 목적도 그것이었으면 좋겠고 삶의 목적도 결국 그것이었으면 좋겠다. 조금 덜 성공하더라도, 조금 덜 벌더라도 가치 있는 삶을 배울 수 있었으면 좋겠다. 학생들의 행복한 삶의 가치에 조금 더 초점을 둔 혁신학교에서 근무할 수 있게 되어서 감사하다. 학습과 성적, 입시 등에만 얽매여 삶의 중요한 가치들을 잊고 있었던 교직에서 중요한 가치들을 하나씩 되새길 수 있어서 다행이다.

언젠가 아들과 나누었던 대화가 떠오른다.

"엄마! 나는 학교 가는 게 더 좋은 거 같아."

"엄마는 선생님이 되고 나서 학교 앞을 지날 때마다 너무 좋아서 심장이 뛰었단다."

우리의 대화가 학교를 향한 모두의 마음이 되는 날이 왔으면 좋겠다. 그래서 매일 아침 눈뜨면 빨리 가고 싶어 하는 그런 곳이 학교였으면 좋겠다.

최근 교육계에서는 여러 가지 형태의 미래학교를 그린 모델학교가 생겨나고 있다. 스마트학교, 친환경학교, 소수 배려자를 위한 대안학교, 무학년제 통합학교 등 모두 미래사회에 추구해야 할 학교의 모습을 담고 있다.

이렇게 미래학교가 생겨나는 것을 두고 학교 현장에서는 혁신학교와 미래학교가 무엇이 다르냐, 또 새로운 시스템을 만들어 내서 괜히 혼란만 가중시키는 것 아니냐는 볼멘소리도 나온다.

그러나 우리가 꿈꾸는 학교는 미래학교든 혁신학교든 큰 틀은 혁신교육에서 지향하는 바와 별반 다르지 않을 것이다. 그리고 우수한 인재를 위한 학교뿐만 아니라 교육받는 사람 누구나 교육적 환경에 구애받지 않고 좋은 환경에서 원하는 것을 배울 수 있어야 한다.

미래학교의 모습이 공평한 학습 사회를 구현하고 개별적인 적성과 능력을 살펴 성장할 수 있도록 해 주는 학교라면 미래학교에 대해 불편했던 시선을 거두고 좀 더 넓은 마음으로 응원해 주고 싶다. 사회 곳곳에서 누구나 그 자체로 존중받으며 행복한 학교를 꿈꿀 수 있도록 말이다.

그리고 나는 현재 학교 현장에서 아이들을 가르치는 교사로서, 혁신학교에서 새로운 교육을 실천해 나가는 교사로서 좀 더 아이들 마음에 가 닿는 현실적이면서 따뜻한 이상적인 학교를 꿈꾼다.

개별화가 실현되는 소규모의 학급에서 저마다 존중받을 수 있기를, 공부 때문에 절망하지 않고 모두가 행복한 배움으로 웃음소리 가득하기를, 입시 경쟁 속에서 지적인 면이 지나치게 팽창하기보다는 전인적인 인간다움을 갖출 수 있기를, 능력주의에 빠져 학업능력이 없으면 대우받지 못한다는 사실을 인정하기보다는 인간 자체로 존엄하기를, 출발선이 공평해질 수 있도록 누구나 공평한 교육을 받고 그로 인해 자유롭게 꿈을 펼칠 수 있기를, 강자나 약자나 누구에게나 안전하고 평화로운 공간이 우리가 지향하는 미래학교의 모습이기를, 학교가 그런 역할을 해 주기를 간절히 소망한다.

교육시스템이 변해도 급변하는 미래 시대가 도래해도 한결같이 교육의 목적은 성적보다는 아이들의 행복한 삶에 있기를 바란다. 우리 교육의 처음과 끝은 언제나 아이들을 존중하고 사랑하는 마음에 있어야 하고, 그러한 이유로 학교의 손길이 아이들의 건강하고 행복한 삶에 미치기를 소망한다. 혁신교육이 처음 가졌던 철학을 잊지 않는 한 혁신학교는 인간의 존엄성을 회복하고 미래학교로 이어지는 발판이 되어 줄 것이라고 믿어 의심치 않는다.

선정과 운영

혁신학교 선정 방식은 현재 교육공동체에의 민주적인 의사결정과정을 통해 신청하고 교육지원청이 추천하는 방식으로 진행하고 있다. 지정 대상은 혁신학교 철학과 운영 원리를 바탕으로 혁신학교를 실천하고자 신청한 학교를 대상으로 한다. 혁신학교를 이해하고 교육공동체의 공감대를 형성할 수 있도록 동의율을 조사하고 학교 운영위원회의 심의를 거친다. 이때 동의율이 낮은 경우는 원인을 분석하여 신청 여부를 신중히 검토하고 결정한다.

혁신학교 지정 후에는 혁신학교 2년 차에는 중간평가를, 4년 차에는 종합평가를 통해 교육공동체의 자율적, 협력적, 성찰을 통한 성장을 도모하며 종합평가 결과와 학교 구성원의 결정에 따라 신청을 통해 재지정하고 있다.

2020년 기준 모든 혁신학교는 자율학교로 지정하고 있으며 교육과정 편성의 자율성 확대, 학급당 인원수 감축, 정원의 50% 범위에서 교사 초빙을 가능하게 하고 있다. 즉 교원 인사의 자율권을 확대하고 있으며 교육과정 운영 및 교원 전문성 강화를 위한 연구개발비 등의 예산이 지원되고 있다.

더불어 혁신학교의 지역화, 특성화, 지속화를 꾀하기 위해 혁신학교 평가방식을 개별학교 중심의 외부전문가 평가관리방식에서 혁신학교 네트워크를 통한 구성원의 참여평가, 성장평가 방식으로 전환하여 운영하고 있으며 학교 개방과 성장 나눔의 날, 지역별 콘퍼런스 개최 등을 운영하고 있다.

출처 : 경기 혁신교육 정책 이해(2020, 경기도교육청)

몽실학교

마을교육공동체에 학생들이 능동적으로 참여하고 운영의 핵심 주체가 되는 것을 학생 주도 마을교육공동체라고 볼 수 있다. 이러한 철학을 바탕으로 한 몽실학교는 마을교육공동체 구성원에 학생들을 다른 구성원과 동등한 무게감과 권리를 가지고 참여하도록 하자는 취지에서 출발하였다.

2015년 꿈이룸학교로 탄생하였고, 2017년 학교 공간을 리모델링 하면서 몽실학교로 이름을 변경하고 지역 사회 기관과 협력 체제를 구축하였다. 몽실(夢實)의 이름은 '꿈이 이루어진다'라는 뜻으로 학생 스스로 삶에 기반한 교육과정을 만들어 가는 배움터로 꿈이룸학교의 정신과 가치를 그대로 계승하였다.

현재 학생 주도 마을교육공동체를 확립하여 미래형 교육모델로서 학생 자치 배움터를 구현하고 있으며 의정부, 김포, 고양, 성남, 안성에서 확대 운영되고 있다. 학생 주도 프로젝트, 학생자치회 활동, 학교 밖 배움터 활동, 메이커 교육활동 등을 통해 학생이 스스로 삶의 주인이 되어 상상력으로 만들어 가는 학교 밖 배움터이기도 하다.

몽실학교에서의 학생 주도 학습은 스스로 배움을 찾아가고 함께 협력하는 과정을 통해 성장해 나가도록 지원한다. 프로젝트의 내용 및 형식, 방법, 기간, 예산의 제한과 제약을 벗어나 자유로운 상상과 실천이 보장될 수 있도록 기획 워크숍을 통해 학생이 스스로 설계하고 활동 과정을 마을교사가 조력한다.

출처 : 경기 혁신교육 정책 이해(2020.12, 경기도교육청),
2021 몽실학교 홍보책자(2021, 경기도교육청)

미래학교

4차 산업혁명에 걸맞은 인재를 키우려면 그에 맞는 기술과 디바이스, 콘텐츠가 적용된 맞춤형 교육으로 전환되어야 하고, 오래되고 낡은 학교 건물을 보수하는 것을 넘어 미래에 필요한 역량을 경험하고 깨우칠 수 있는 유연한 공간으로의 혁신이 필요하다. 또한 기후 변화, 환경오염, 인구 감소 등 세계적 위기에 대응할 수 있는 공동체 연대의 장으로 학교가 기능하며, 학교와 지역 사회가 하나되어 아이들을 키우고, 시민도 맘껏 학교 시설을 이용할 수 있는 열린 학교가 필요하다.

그린 스마트 미래학교란 포스트 코로나 시대를 선도할 미래인재 양성과 미래지향적 친환경 스마트 교육여건을 구현하여 언제, 어디서나 다양한 학습 환경을 제공하는 학생들이 무한한 꿈을 이룰 수 있게 하는 학교로 첫째, 공간 혁신을 통한 유연한 학습 공간과 다양한 교육과정을 운영한다. 미래 핵심역량과 웰빙을 고려한 학습과 삶이 공존하는 학교 공간으로 탈바꿈하는 것이다.

둘째, 그린학교를 통한 에너지와 생태, 진정한 미래 교육을 지향한다. '탄소 중립학교'를 실현함으로써 학교가 기후 변화 대응에 선도적이며 모범적 임무를 수행하도록 한다.

셋째, 첨단 디지털 교실에서 똑똑해진 아이들을 길러 내기 위한 스마트학교를 지향한다. 디지털 장비, 정보통신 설비, 스마트 기기 등을 통해 미래형 교수·학습이 가능한 ICT 기반 스마트 교실로 구축하는 것이다.

넷째, 학교 시설의 복합화를 통해 학교와 지역 사회가 하나가 되도록 한다. 주말과 일과 이후에도 학부모와 함께 학교 시설을 이용한 교육활동이 가능해진다. 지역에 다양한 공공시설을 제공하여 평생교육 및 자기계발을 지원할 수 있다.

———— 출처: 지금까지 이런 학교는 없었다? 그린 스마트 미래학교!(2021. 교육부)

교사로서의 삶을 성장시킨 혁신학교

혁신학교에서 성장하기 위해 책과 함께 한 시간이 저를 다른 삶으로 인도해 주었습니다. 급기야 책을 쓰게 되는 도전까지 하게 되었고, 책을 쓰는 동안 교사가 아닌 작가의 삶을 경험하였습니다. 이런 삶의 경험은 같은 길을 가고 있는 교사들에게 또 다른 비전을 제시하게 되겠지요? 그래서 더욱 설레고 행복한 시간이었습니다.

그러나 이러한 책 쓰기 여정은 바쁜 학교생활 가운데 또 한 번 고비가 찾아왔습니다. 수업과 업무로 인해 피로도 누적되고 과연 좋은 책을 쓸 수 있을까 하는 의구심과 함께 지쳐 가기도 했습니다. 하지만 책을 통해 지금 우리 교육에서 답을 찾고자 하는 이들에게 혁신학교 교사의 열정적인 삶이 힘이 되고, 격려가 되고, 희망이 되기를 바라는 마음으로 마지막까지 온 힘을 기울였습니다.

혁신학교를 만나고 교사로서의 새로운 비전을 품게 되면서 교직에서 새로운 세상을 만나게 되었습니다. 저의 이야기들을 통해 이 책을 읽는 분들 또한 자신의 삶에서, 또는 교직에서 새로운 비전을 갖게 되길 소망합니다.

스물네 살 때 꿈꾸었던 학교는 심장이 뛸 만큼 설레는 곳이었습니다. 시험에 붙기만 한다면 어떤 것이라도 할 수 있다고 할 만큼 간절한 곳이기도 했습니다. 하지만 학교는 해를 거듭할수록 치열하고 지리했던 긴 시간을 견뎌야 할 만큼 고되고 소진되는 삶의 장소이기도 했습니다. 그러나 21년 차 교사로 마주하게 된 혁신학교는 다시 설렘을 안겨 준 고마운 곳이었습니다.

잊고 있었던 교사로서의 목적과 비전을 다시 한번 생각하게 되었습니다. 그리고 놓쳤던 아이들의 삶에 대해 다시 들여다보았습니다. 우리가 가야 할 교육에 대해 끊임없이 고민하게 되었습니다. 수업하는 교사에서 공적인 역할을 해내는 교사로서의 삶을 살아가게 되었습니다. 행복한 아이, 행복한 교사, 행복한 교육을 꿈꾸게 되었습니다. 그리고 다시 교사로서 살아갈 힘을 얻었습니다. 그 힘으로 교직을 탈출하고 싶었던 고비를 벗어나 새로운 비전을 찾게 되어 감사한 시간이었습니다.

혁신학교에서의 삶은 좋은 선생님의 역할을 뛰어넘어 학교를 개선해 가는 교사로, 후배 교사들의 멘토로 사는 삶을 살게 해 준 감사한 시간이었습니다. 또한 교사로서 주체적인 삶을 살아갈 수 있게 해 준

혁신학교는 저에게 은인이 되었습니다. 외로운 동굴에서 빠져나와 진짜 동료를 만나는 귀한 시간까지 선물해 주었으니 참으로 저는 행복한 사람임을 느낍니다.

동료들과 함께 다시 즐거운 학교생활을 할 수 있게 만들어 준, 우리의 힘으로 학교를 변화시킬 수 있다는 역동적인 마음을 심어 준 도당중학교 동료들, 특히 혁신동아리 '무지개' 선생님들께 다시 한번 깊이 감사드립니다.

또한 제 교직의 삶을 귀한 책으로 담을 수 있게 응원해 주신 저의 독서 멘토이자 평택 새빛초등학교 교사이신 김진수 작가님, 책 쓰기 멘토 역할을 해 주신 동화작가 신은영 작가님께 무한한 감사를 드립니다. 마지막으로 늘 헌신과 사랑으로 저를 지켜 준 어머니와 우리 가족들에게 깊은 감사를 드립니다.

여전히 현장에서 아이들과 울고 웃으며 일상을 살아가는 선생님들의 삶을 응원합니다! 혁신학교에서 아이들의 행복한 수업과 성장을 위해 고민하고 헌신하는 선생님들을 응원합니다! 이제 다시 힘내서 행복한 학교를 위해 행복한 교육을 위해 두 번째 꿈을 꾸라고 응원하고 싶습니다. 혼자가 아닌 동료들과 함께 그 꿈을 실천해 가길 마음 깊이 소망합니다.

선생님! 아이들을 진심으로 사랑하는 선생님이 우리의 희망이고 비전이고 우리 교육이 존중해야 할 답입니다! 마음을 다해 존경하고 사랑합니다.